アートの根っこ

想像・妄想・
創造・捏造を
社会へ放つ

編著 青木惠理子

晃洋書房

Contents

1

Chapter 4 出会いの到来を待つ技法
——日本・イタリア・精神障害・演劇——

他者たちの出会いとアート的なるもの

青木惠理子

＊アートの根っこ

　近年，国際芸術展が世界各地で人気を博している．アートプロジェクトやアートマネジメントという言葉もよく耳にするようになった．国際機関，国家，地方行政においてもアートや芸術を冠した施策が増えている．アート市場も隆盛を見せている．一般の人々が参加することによって，コミュニティ的な関係の再生や創生を目指す，社会関与型アート活動も盛んだ．すべての人を納得させるようなアートの定義は恐らく誰もできないのだけれど，アートは何か善いものとして位置付けられ，その重要性がますます高くなっていることは間違いない．それぞれ違う立場からアートに大きなものを賭けている．この2年，コロナによって人が集まるアート活動は制限されているが，オンラインによる発信は盛んに行なわれている．コロナ感染が世界的に収束すれば，これまでもしばしばアートに託されていた，生死や人間について問うという役割にさらに大きな期待が寄せられるだろう．価値と期待を託されたアートが人々を動かす力をもっているのが，今の時代といえるだろう．

　著名な芸術批評家たちによれば，何がアート作品であるかを決めるのは，芸術家，芸術大学，批評家，収集家，アート市場，ミュージアムなどから構成される芸術界という制度である¹⁾．芸術は近代西洋に成立した制度であり，近代社会，近代国家や資本主義経済の成立と不可分である．社会思想家ミシェル・フーコーは，近代社会において知識はきわめて政治的なものであり，正常と異常を設定し，後者を排除することの自明性を日常生活に浸透させると指摘した．

古くより行なわれてきた描画，歌舞音曲，演劇などが，18，9世紀西洋において，アートとしてひとまとまりにされ制度化されていくや，知識と同様，アートも主流社会の価値と権威を自明化し，中心周辺構造を形成し，排除的力を発揮するようになった．アートは両義的である．

　本書で光を当てるアート活動は，制度の周辺や外側で展開されると同時に，現代社会において周辺的な位置づけにある人々に関係している．そういったアート活動は，人間と世界と社会の現状を照らし出し，その自明性を揺るがすことがある．注目したいのは，社会的な出来事として顕れるそのような力だ．それは，想像し，創造する力であると同時に，主流の自明性からみれば，妄想し，捏造する力だ．日常のなかに溶け込む権力は人々の自明性を掌握しているときに最も安定的に働くことを考えると，妄想し捏造する力は，自明性が構築されたものであることを照らし出し，権力の根拠をぐらつかせ，オルタナティヴな世界の想像へと人々を解き放つのではないだろうか．

　本書では，アートを，原初的な視座——根っこ——で捉える．人間が，世界やモノに働きかけたり働きかけられたりして，他の人たちにも感知される形で顕れたモノやコトはすべて，アートになる潜在性を持っていると考える．アートとして顕在化させるのは社会性である．ミュージアム，芸大，コンサートホール等と結びつけられている常識的な狭義のアートも，アートになる潜在性を持つが，必ずしもそのようなものとして顕現するわけでない．例えば，権威ある美術館の絵画があなたの興味を惹かなかったら，あなたとの社会関係のなかで，その絵画はアートの力を発揮しなかったことになる．アートとは，社会的に顕れる，自明性を揺るがす出来事なのである．

　アートは，英語 art，フランス語 art，ドイツ語 Kunst などの日本語表記として使われているが，これらの西洋語はすべて技術を意味する．近代になって，アートという技術は特別な価値を付与され科学技術や一般的な技術と峻別されるようになったが，それ以前は，さまざまな知識や術の区別がなく，その不分明な事柄を指すのにアルス ars というラテン語が使われていた[2]．このようなことも視野に入れ，本書は，制度化されたアートを相対化する視座で書かれている．

＊アートの芽吹き：現実へ働きかける

アート的なことの芽吹きは日常生活のなかでもさまざまな場面で見られる．

もうすぐ三歳になろうという女の子２人がリビングで折り紙を細く切っていた．一心不乱．無地の絨毯の上に，カラフルな細い紙たちが，女の子たちの吐息のように広がっていく．その光景は，どこかの美術館で見た気がした．思わず尋ねる．「何，つくっているの」と私．「ゴミ！」とふっくらほっぺの女の子たちが言い放った．この一連のプロセスのなかで，私はいくつかのアートっぽい体験をした．覚えたてのハサミの技術が立てるシャキシャキという音に導かれるように女の子たちが物と交わるさま，色とりどりの切り紙が広がる様子，「ゴミをつくる」という意味のずらしによるコンセプチュアル・アート的な感覚だ．モノつくりに関連して，安定した日常生活での「あたりまえ」（自明性）を少し踏み抜くような，この種の経験はそこここにある．けれどもそのような経験の多くは，女の子たちが次の日には別のことに夢中になっていたように，生の感覚を少しくすぐって次に移っていく．

こういったかすかなアートっぽい力の発現でも，そこには人とモノと世界との連携があり，技術／art があり，世界と交わる言葉があり，女の子たち相互のそして私の間の社会関係があり，その社会関係を実現できるリビングという社会空間があった．その力によって，私が「あたりまえ」と考えて意識にも上らなかったものごと——紙をハサミで切る，部屋は散らかさない，ごみはモノつくりの目的ではない——の自明性が揺らぎ，世界が新鮮な顔を覗かせたと言えるのではないだろうか．

ヒトは，人生の早い頃からだけでなく，種の発生の初期から不思議なものをつくっていた．洞窟のなかに描かれた手形であったり，立派な野牛とそれを狩ろうとしている弓矢を放つ線状の人間などであったり．後世の私たちは，それを呪術的と受け取り，その周りで儀礼や祈りが行なわれたのかもしれないと推測する．つまり，それをつくった人々にとっての現実を変えようとする技と力をそれらのものに見出す．科学技術の世界に暮らしている人々——みなさんを含めた私たち——は，呪術は未開な人々の誤ったニセの科学技術だと考えがち

だ．狩を成功させるために洞窟に絵を描いて祈ったり，豊作を実現するために歌ったり踊ったり，病気平癒のために病人の体全体を生卵で撫で病因を吸い取って川下にもっていったり，少年の身体に氏族固有の絵を描いて成長を祈ったりするのでは，現実には何も起きないと私たちは考えがちだ．それらを達成するためには，銃の性能を上げたり，作物の品種改良をしたり，適切な近代医療を施したり，適切な栄養と教育を施したりといった科学技術が必要になると．ここで，少し立ち止まって考えてみよう．「現実には何も起きない」の「現実」とはなんだろう．

呪術的なことは私たちと同時代のさまざまな社会でも行なわれている．よく見れば，私たちの社会でも行なわれている．千日回峰行や，もっと万人むけの四国お遍路は，それを達成することによりその人を含む現実はよい方に向けて全体的に変わるとされている．これらの修行と同じように，装束を変えて繰り返し巡回して現実を変えようとする活動は，霊山に出向かなくても日常生活で頻繁に目にする．大きな公園や街中で，スポーツウエアを身にまとって走ることがそうだ．善きこと——街のランナーの場合は，その人自身の健康，フィットネス，自己管理に関係していそうだ——へと現実を変化させるという点においても，千日回峰行やお遍路とよく似ている．そうやって走ることは，私たちの社会生活に埋め込まれていて，走っている人を目にしても，誰かに追われているのではなく，そういう営みなのだと，私たちは理解できる．

千日回峰行の達成者は大阿闍梨として衆生を救済するという社会的役割を担う．大阿闍梨のもとにはその力によって救済されようと人々が集う．大阿闍梨同様その人々にとっては，そのような救済を含み込んだものが現実だと言える．みなさんは，そういう現実は宗教を信じている人にとってのものであり，自分とは関係ないと思うかもしれない．けれども，多くの人たちが寺社を訪れていることから考えると，みなさんの現実にも理性で確認できない裾野が広がっているのがわかる．さらに，最先端の技術である IT のベンチャー企業の役員が千日回峰行を心身の徹底した自己管理と解釈して，大阿闍梨へのインタヴューをウエブサイトに掲載している現状もある．[3] 近代以降，社会は世俗化され脱魔術化されたと多くの人は考えているが，現代でも呪術的儀礼的な領域が社会のなかに混ざりこみ，現実が形成されているのがわかる．日本の社会においても，

狭義の宗教的な行為に関わることだけが，現実を呪術的にしているのではない[4]．また，世界的に20世紀末から現在に至るまで，呪術的社会現象が隆盛を見せている[5]．そのような現状に突き動かされたように，20世紀半ばには，世界は脱魔術化されつつあると強く主張していた著名な社会学者も，社会はかつて同様宗教的であると論じている[6]．私たちは完全には啓蒙されえない．原初的視座で捉えれば，呪術的儀礼やそのためのモノが，不可知領域を指し示し自明な領域を揺るがすことにおいて，アートと通底している．モダンアートの作家たちが惹きつけられた「未開」世界の制作物が，神像や呪術的儀礼用の品であったことは，偶然ではないだろう．

＊呪術的儀礼と社会関与型「アート」

　世界各地の呪術的儀礼の研究は，文化人類学によって行なわれてきた[7]．その嚆矢は，1890年にイギリスで出版された，フレーザーによる『金枝篇』と言えるだろう[8]．フレーザーは，ヨーロッパの周辺地方を含め世界各地の「未開」社会に見られるさまざまな呪術的儀礼行為を，手短な分析を交え，簡潔な文章で次から次へと流れるように記述する．『金枝篇』は，フィールドワークを創始した人類学者マリノフスキーを強く魅了し人類学研究を始めさせたばかりでなく，『闇の奥』のコンラッドや『チャタレイ夫人の恋人』のD. H. ロレンスといった小説家たちを魅了し，哲学者のヴィトゲンシュタインの関心を捉えた．
　自然は，人間の観念連合——例えば，藁人形を犠牲者と同じと見なすこと——から独立した因果法則の下にあるにもかかわらず，啓蒙されていない「未開」人たちは，観念連合を因果法則と取り違えている，とフレーザーは指摘した．彼は，現地に赴かずに研究をした所謂「肘掛椅子の人類学者」であり，科学的思考による啓蒙を経験したヨーロッパの自然観と技術を最も進んだものとする，文化進化論者であった．20世紀の初頭にフィールドワークを必須とする人類学が成立すると，彼の研究は，自文化中心的な思弁と見なされるようになった．その後の人類学者たちは文化相対的な立ち位置ををとり，呪術的儀礼を表象行為やコミュニケーション行為として理解し，文化進化論者が押した文化的他者に対する劣等の烙印を取り払おうとした．

そういった人類学の潮流とは無関係に，ヴィトゲンシュタインは，人類が，フレーザーが言うような誤謬を犯してきたとするのは受け入れられないとして，現実を作る行為の観点から，儀礼について考えた[9]．先史時代から獲物を狩り，畑を耕し，家を建てるなどしてきた人類は，自然法則に沿った形で「技術」を遂行してきたと考えざるをえない．しかし同時にそれらの行為は，豊猟，豊作，居住者の平安を祈る呪術的儀礼と不可分なものとして行なわれてきた．当事者たちにとってはその全体が現実に他ならない．人類学者レヴィ＝ストロースは，すべての人は神話的思考と科学的思考をすると指摘する[10]．神話的思考は世界や生を全体として考え，科学的思考は部分に焦点をあてそれを因果律のなかで考えるが，現実においてこの二つを区別することは難しい．

　そういった一定の形をもつ行為の遂行や現実は，人々によって共有される．つまり，社会的に構築される．現実を構築する神話的な行為を遂行していることは，近代都市に住んだフレーザーにしても，みなさんにしても変わらない．それは死者に関するさまざまな儀礼を見れば理解できる．人間の生とはそのようなもの，儀礼的行為に満ちているものなのだとヴィトゲンシュタインはいう[11]．しかし，それは社会的に構築されるため，内部の人たちにとっては当たり前のことであり，変なことをしていることにはならないが，よそものには，奇習や不可解なこととして立ち現れ，時には，強い動揺や魅了を引き起こす．西洋の植民地行政官や宣教者たちが彼ら自身の現実と儀礼的行為の眼鏡を通して際立ってみえた，「未開」人の言動を切り取って報告し，肘掛椅子の人類学者であったフレーザーがそれらを呪術的儀礼としてまとめた『金枝篇』が同時代の小説家たちを惹きつけたのはそのような事情からでもある．

　社会は変化するため，社会的に構築される現実と儀礼的行為も変化する．日本に例をとってみよう．近年，大規模な葬儀を避け，家族葬や直葬が増えている．非婚などの理由により，永続的供養を求めて，両親の遺骨を寺に委託する人々も少なくない．故人にゆかりの場所や海や山野への散骨も行なわれている．こういった行為のなかに立ち現れる現実は，密に広がっていた社会関係，祖先と子孫を繋ぐものとしての人や時間からなるかつての現実とは大きく異なっている．

　現実と儀礼的行為は多様な形で創造されうる．作曲家シューベルトの死後，

彼の兄弟は彼が書いた楽譜の一部を数小節ごとに切り分け，彼の弟子たちに与えた．このことに注目したうえで，ヴィトゲンシュタインは，この行為がだれにとっても理解可能であるのと同様に，もし，楽譜を誰も触れられないように保管したとしても，すべて燃やしてしまったとしても，理解可能であると指摘している．[12] シューベルトと彼の兄弟と弟子たちは，彼の恩恵を分有し彼への敬愛を捧げる社会関係が埋め込まれた現実を，楽譜を巡ってなされる行為（切り分ける，燃やす，秘匿する）やその結果生じるモノ（楽譜片，開かずの部屋や箱，煙と灰）として現前させる．

　行為，モノ，現実と人々との以上のような関係に似た関係が，社会関与型アートのパフォーマンスに見出される．例えば，大都会の戸外，オープンリールのテープレコーダーの録音のスイッチをオンにし，夜空を録音し続ける．朝日とともに録音を止め，後にそのテープを切り分け，道行く多くの人たちに手渡す．このパフォーマンスが人々を動かせば，仕掛けたアーティストの想像は共有され，相互無関心のなかに行き違う大都会の人々の間に，ある種の絆がテープ片の分有とともに現前する．現代アートのパフォーマンスは言語化できない曖昧性を常に孕むと同時に危うさを伴う賭けであるともいえる．賭けが上手くいけば，人々を惹きつけ，社会関与型アートであれば，何らかの社会関係を形成する．このようにして，社会関与型アートは，呪術的儀礼と相似的に働く．

＊呪術・技術・芸術

　社会人類学者アルフレッド・ジェルは，芸術（art）という語を分析用語として使うために，芸術，呪術，技術の相同性に注目した．[13] 19世紀末から世界中の民族文化を研究してきた人類学は，芸術にも注目してきたが，あまり大きな潮流とはならなかった．なぜなら，多くの人類学者が，自らの社会における芸術崇拝（アート・カルト）から自由になれず，その「聖域」に踏み込めなかったからだとジェルはいう．「芸術 art」の価値体系と崇拝は，近代になって西洋世界に生じた，歴史的に形成されたローカルな価値体系であったが，西洋の覇権の拡大とともに，世界中に広まることになった．多かれ少なかれキリスト教の影

響下にある西洋の人類学者が，世界各地の宗教を研究できるようになるには，キリスト教を相対化し，それから自由になる「方法論的無神論」が必要だった．同様に，西洋世界のアート作品を含め世界のそれぞれの地域に固有の技巧に満ちたさまざまな制作物を人類学的に研究するためには，アート・カルトに捉まらないように，狭義のアートに無理解な「方法論的俗物主義／無教養」に徹しなければならないとジェルは提案する．

　ジェルは，このようにしてアートの人類学研究の可能性を探り，アート（芸術）とは，魔法（呪術）をかけるように人々を魅了する技術（technology of enchantment）であると位置づけた．20世紀後半から人類学では，象徴や意味という視点から多くの研究がなされてきたが，制作物は解読されるような意味を持たなくとも実在し，人々の関心を捉える．したがって普遍的なアート研究は，アートが何を意味するかではなく，社会的に何をするかに注目しなければならない．制作者が技術の粋を尽くしてつくったモノが，それを視る人を捉える．アート制作物は社会的な行為主体（agency）となり，人同様の働きをする．多くの場合，世界，人間，社会や現実についてこれまで考えもしなかったような新たな可能性を創造するような問い（abduction）へと人を誘う．かくして，西洋近代社会に生まれ，その後，世界中の大都市の中産階級以上の社会を中心に広がった狭義のアートも，非西洋のアート同様，技術によって成し遂げられる，社会的に働く呪術（魔法）と位置付けられる．ジェルは，パースの記号論 semiotics を援用して，アート制作物はそれを視る人にインデックス（指標記号）として働くとする[14]．インデックスは現実を指し示す記号である．制作物が社会的にアートとして顕れるとき，それは，経験する人にとって自明である現実像を揺るがし，通常は不可視となっている別の現実を指し示す．

＊近現代社会が「アート」に賭けてきたもの

　呪術としての芸術 art という位置づけは，制度化されたアートから見ると，あるいは，それを支えている近現代社会の主流にある人々から見ると，受け入れがたいものであるかもしれない．なぜなら，「芸術」は，科学技術を支える因果論の啓蒙をうけていない蒙昧な民の行なう呪術とは異質なものと考えられ

ているからである．フレーザーなど文化進化論者は，進化の初期段階に呪術が，次の段階に宗教が発達し，やがて啓蒙を経験して，世界を知るための知は科学へと進化してきたと考えた．

　かつて未分化のままアルスと呼ばれていた諸技芸が，18世紀に科学，（科学）技術，「芸術」に分化した．言い換えれば，「芸術」の成立は，科学と技術の成立と不可分であり，同時期に，誤った技術とされた呪術は排除された．18世紀半ば，啓蒙主義者ド・ブロスは，モノであるにもかかわらずそれによって支配されている呪物崇拝が西アフリカなどで行なわれていると指摘し，そのような呪物をフェティッシュ，崇拝をフェティシズムと名付け，それを人とモノの関係の，愚かしい転倒と判断した¹⁶⁾．この判断は，理性的主体としての人間とその対象としてのモノ，という暗黙の前提に基づいていた．

　18世紀後半に，このような人間主体の定理に基づいて，考察を行ない，近代市民社会の哲学を築いたカントは，美的判断主体としての人間を哲学的に位置づけた．近現代の制度である芸術と関係が深い美学 aesthetics という用語が使われ始めたのも，現代のアートマーケットで最も重要な地位にある二つのオークション会社サザビーズとクリスティーズの設立も18世紀半ばであった¹⁷⁾．ド・ブロスのフェティシズム概念は，19世紀半ばにマルクスの資本主義批判において，その数十年後にフロイトの精神分析において継承されたが，彼らの理論も，「人間主体―モノ客体」観を強化した．啓蒙された「まともな」市民にとって，芸術作品は美的判断をする主体の対象であってフェティッシュ（呪物）であってはならず，芸術は呪術であってはならないとなる．

　芸術は，呪術と宗教に多くの源泉を持っていたが，西洋近代における知性の重要視と生の合理化により，脱呪術化された固有の領域となったと，20世紀初めにウェーバーは述べた¹⁸⁾．1930年代にベンヤミンは，政治経済的および社会的影響力を持ち始めていた複製技術の産物である写真と映画を視野にいれて，芸術作品は，唯一のモノとしてあることによるアウラを失い，その価値は，礼拝的価値から展示的価値へと移行してきたと論じた¹⁹⁾．しかしその後の歴史は，芸術崇拝が続き，芸術的評価を受けた写真や映画に人々はアウラを見出すことを教えてくれる．

　近代社会の設計のなかで，芸術は，科学や科学技術同様，人間中心的で啓蒙

的であると同時に，「宗教」的な要素も託されるものとなった．近代市民社会の政教分離のなかで，芸術は市民の公的領域で唯一許可された「宗教的」崇拝対象である．人間は全知ではない——不可知領域は常にある，したがって蒙昧である——という真理と，啓蒙された人間主体という近代の理念が共に芸術に託された．その領域でのモノつくりに関し，「創造する create」というそれまで唯一神を主語にして使われていた動詞が，人間を主語にして使われるようになった．[20] 芸術家は天才であるとし，芸術を，社会を超えた「天」から与えられる本質をもつものと，位置付けようとしてきた．天才（英語の genius，フランス語 génie，ドイツ語 Genius）という語は，守護霊を意味するラテン語ゲニウスに由来する．芸術の様態は変化しても，芸術崇拝が近現代社会には一貫して見られる．立場や関心の異なるさまざまな人々や組織が，それぞれ重要と見なしていることを，芸術に賭けてきた．

＊ベルリンの壁の崩壊と「アート」の隆盛

ベルリンの壁崩壊（1989年）とドイツ統合（1990年）が象徴的転換点となり世界情勢が劇的に変化した．共産主義思想の求心力喪失とともに，世界全体が新自由主義化した．それ以降，アートをめぐるさまざまな活動が隆盛を見せている．[21]

国際機関，諸国家，地方行政などにおけるさまざまな指針や政策が芸術活動を社会的目的のために推進している．社会的目的をもつことは以下のような指針や政策の趣旨に表れている．「各国は，文化政策を発展戦略の重要な要素とすべき」（1998年，ユネスコ「文化と発展」委員会），「文化的自由拡大こそが社会的安定や民主主義，人間開発促進の唯一持続可能な方法」（2004年，国連開発計画），「文化芸術は人々の創造性をはぐくみその表現力を高め，心豊かな活力ある社会の形成にとって極めて重要である」（2001年，日本の「文化芸術振興基本法」），「文化芸術によって町の振興を目指す」（2001年，大阪市都市政策）．[22]

1990年代後半より，消費文化を包摂する新しいタイプの美術館が世界的に新設された．なかでも特に有名なのは，2006年にパリに新設されたケ・ブランリ・ミュージアムである．1930年代に設立された「人類博物館」と「アフリ

カ・オセアニア美術館」の収蔵品を接収し，それに新しく購入した非西洋から
の造形物を加えて，アジア・アフリカ・アメリカ・オセアニア由来の造形物を，
高級ブティックのようなライティングで展示している．それらの造形物は，神
像であったり儀礼用品であったり，それぞれの文化社会に埋め込まれたもので
あったが，民族誌的な説明なく展示されている．その多くが，植民地時代に，
圧倒的な力の不均衡のなかで収集（収奪）されたものであるが，そのような歴
史的説明もなされていない．なぜなら，ケ・ブランリ・ミュージアムでは，そ
れらの造形物は美術的なものとされているからであり，鑑賞と消費にとって上
述の民族誌的説明や歴史的説明は，それほど必要ないとされているのである²³⁾．
2000年以降，西洋以外でも，新しいタイプのミュージアムが建設された．日本
でいえば，2004年開館の「金沢21世紀美術館」や2007年開館の「国立新美術
館」がそれにあたるであろう．

　美術館の増加と盛況と並行して，展覧会や国際芸術祭が盛況を見せている．
1885年に始まった国際的芸術祭，ヴェネチア・ビエンナーレは，1998年に組織
改革を行ない，2001年には，出品参加国の数においても来訪者数（24万3000人）
においても大幅な伸びを記録した．その後，訪問者数は増加し，2019年には，
約60万人に達した²⁴⁾．アジア地域でも，1990年代半ば以降，「光州ビエンナーレ」，
「台北ビエンナーレ」，「シンガポール・ビエンナーレ」などの国際芸術祭が相
次いで始まった．日本でも，1999年開始の「福岡アジア美術トリエンナーレ」
を皮切りに，「大地の芸術祭　越後妻有トリエンナーレ」（2000-），「あいちトリ
エンナーレ」（2010-）などが始まった．

　アートの隆盛には，アート市場が大きくかかわっている．アートの価値とは，
価格であると考える人も少なくない²⁵⁾．アート作品の市場は，具体的には，ギャ
ラリー，アートフェア，オークションが主な構成要素である．アートフェアの
開催地の多くは，欧米の大都市だが，経済力のあるアジア諸国の大都市が加
わっている．2011年，売り上げ額から見たトップテンのオークション会社のう
ち，最上位を争っているのは，上述のクリスティーズとサザビーズである．
トップテンのうち，5社が中国のオークション会社であることは，中国の著し
い経済発展及び，アート市場における階層上昇と影響力拡大を示している．中
国では，1992年に初のアートオークションが，1993年に初のアートフェアが開

催された．それ以前には，アート，特に現代アートは反体制的であるとして，ギャラリーさえも存在しなかった．1990年代以降の経済の新自由化とともに，世界各国に，コレクターとなりうる突出した富裕層が出現したことにより，また，市場を支える巨大な消費者人口をもつ中国の経済発展により，アート市場の世界的隆盛が著しいものとなっている[26]．

　大規模な美術館や展覧会がアートを特権化するのに対し，その体制を脱して，社会を志向する運動がなされてきた．1950年代から1970年代，シチュアシオニストの活動や「ハプニング」と呼ばれる活動も社会を志向した．美術館を後にして，公共空間に作品を設置するパブリックアートが戦後アメリカで施行されるようになり，1990年前後に日本にもその試みが移植された[27]．もともとある場所（site）に合わせて作品を制作するというコンセプトのサイト・スペシフィック・アートが登場した．サイト・スペシフィック・アートの設置を含め，社会生活の展開される場に合った作品を制作し，社会生活の創造，刷新，持続可能な発展のために，アート・プロジェクトやアート・マネジメントというコンセプトと方法の導入がなされるようになった．これらが盛んになったのも1990年以降のことである．

　同時期に，参加型アート，コミュニティアート，協働的アートなども隆盛してきた．このような潮流はアートの「社会的転回」と呼ばれている．いずれも何らかの社会変革を志向し，自明性を揺るがし，不可視化されたことを浮かび上がらせるような活動をしている．社会批判の先鋭性に関して程度の違いはあるが，美術館の閉鎖性と権威を乗り越え，アート活動に多くの人々を巻き込み，アートを民主化するために，アートの社会志向が推奨されている．アートの社会的転回に関するアート批評家の代表的な人物として，ニコラス・ブリオーとクレア・ビショップをあげることができる[28]．前者は，近代市民的なコンヴィヴィアリティに基づく議論を展開し，後者は，より先鋭な社会批判を展開している．

　ミュージアム自体も，ワークショップなど，来訪者参加型イヴェントを開催し，開かれたミュージアムを目指すようになってきた．さらに，先住民文化やトライバル文化の展示を行なってきたミュージアムのキュレーションに，彼ら自身が主導的に参加することにより，かつては西洋のヘゲモニーを形にした場

所であったミュージアムを，さまざまな人々のコンタクトゾーンに変えるという動きも多くみられるようになった．先住民やトライブとかつて呼ばれた人々とその子孫たちのアート活動も活発に行なわれるようになった[29]．

　アートの領域は拡大し，マンガ，アニメ，ファッション，インテリア商品など，消費文化や娯楽の対象とされていたものを含むようになった．これまでアートとは別領域とされていたビジネス，教育，福祉，医療，スポーツなどの領域でもアートの創造性なるものに大きな期待が寄せられている．

　いずれの場合もアートは善きものとされているが，アート活動は必ずしも政治的公正性を持っているわけではない．少なからず排除や周辺化を生み出してもいる．芸術制度それ自体が，西洋のヘゲモニーとともに世界に広がり，それは現在でも変容しながら継続している．国家単位で見れば，国家の権威の浸透と芸術制度は不可分である．アート市場やミュージアムの消費文化化は，新自由主義経済の進展の結果としての格差の流れに掉さすにもかかわらず，アートであることにより，それを不可視化する．富裕層のアートコレクションは，最適な投資ともなり得るが，格差生成の上に乗った富裕化とさらなる格差を生み出す投資を，アートであることにより不可視化する．国際組織，国家，地方行政の政策におけるアート効果の判断基準は経済的である場合が多く，アートは経済に従属する．都市計画のなかで，排除的なアート的造形物が設置されることがあるが，それもアートの名のもとにその排除性への批判をかわすことになる．東京オリンピックに向けて作られたパブリックアートの数々は，ホームレス排除のためのものに他ならない．

　以上のように，アートの隆盛とその両義性が顕著である現在，アートの力が顕れている諸事例とその考察から，私たちが生きている現代社会の自明性がどのように構築されているかを照らしだすためにも，アートを，原初的視座，その「根っこ」から，社会的な出来事として考察することは重要である．

＊アートの力と他者たちの出会い：各章の紹介

　本書の出発点は，研究プロジェクト『アートにより，大学キャンパスを社会的包摂の拠点に[30]』にある．大学に勤務する人ならおそらくだれでもが社会的に

身の置き所がなく大学に出てくることができない学生が近年増えていると実感しているのではないだろうか．増加を実証し，問題解決に向けた調査研究も行なわれるようになっている．大学に来られなくなった学生たちは，何年かの休学の後に退学し，その後ひきこもってしまうことも少なくないようだ．大学は，このような事態を学生個人が抱えている困難と位置付け，学生相談室や障害学生支援室などを設けてケアに努めている．けれども，大学生の不登校は，小中高のそれやひきこもり同様，社会的現象なのだ．150万人にのぼる不登校やひきこもり[31]は，個人が自らを社会から排除してしまう現象であり，私たちのくらしているのはそのような現象を生む社会であり，大学キャンパスも同じような場なのだといえよう．

　たとえ社会状況はこのように厳しくとも，大学キャンパスが多様な人々が出会うアジールのような場になることを願って，当初の共同研究は計画された．その願いを現実化する方途を探るために，社会関与型アート実践の現場から学び，私たちが勤務する大学キャンパスでも試行することを計画していた．ところが，新型コロナウイルスの感染拡大により，現場に学ぶことも，キャンパスで実践することもできなくなった．出会うこと集うことのできない状況のなかで，研究プロジェクトは，制作の当事者，伴走者，フィールドワーカーとしてアート的なことに関わってきた人々を招いてお話を聴き，それと切り結ぶエッセイとともに広く発信する計画へと舵を切った．

　第1章は，1970年代の市民運動から発した一般財団法人「たんぽぽの家」を拠点として，社会的に周辺化された人々，とくに知的障害者のアートを社会につなげる活動を現場で担ってき岡部太郎の語りと障害者アートの展示を企画してきた社会学者松本拓のエッセイからなる．「たんぽぽの家」は，1990年代半ばにエーブル・アート・ムーヴメントにより，「社会のアート化，アートの社会化」を，2010年代に入りグッドジョブセンターの開設を通じて知的障害者のアート活動と仕事創出と生きづらさを抱えた人々誰にとっても居心地のいい場所の創出をめざしてきた．岡部と松本の共通のテーマは，「創ること，働くこと，棲まうこと」である．

　第2章は，インドの第三の性ヒジュラの文化人類学的研究をしている山崎浩平の語りとダリト（不可触民として抑圧されてきた人々）の仏教改宗運動を研究し

ている舟橋健太による，ダリトの指導者の彫像とそれをめぐるパフォーマンスについてのエッセイからなる．ヒジュラは，男女二元論的に構成されるマジョリティの性体系の中では周辺的な存在であるが，固有の歌とパフォーマンスによって，マジョリティの生を不可視の世界に繋ぐ儀礼を執り行なうことにより，マジョリティにとって不可欠の存在である．インドにおける政治的，宗教的，社会的現状を踏まえたうえで，この章は，パフォーミング・アートともみなしうる儀礼とダリトの人々の崇敬者の彫像の創造／捏造力を照らし出す．

　それに続くのは，アメリカ在住の現代アート作家井上葉子のアート・アクティビズムについての青木のエッセイである．コロニアリズム，ポスト・コロニアリズム，グローバリゼーションを見据えて，参加者との偶然の出会いと「誤解」に自らを賭けながらなされている彼女の多様な活動を描く．

　第3章は，地域性にこだわりながら，群馬県前橋市で長年アート活動をしてきたアーティスト白川昌生の語りと，地域社会学者でありアートアクティビストでもある山田創平のエッセイからなる．白川は，公用史では重要視されないが，地域やそこに住む人々にとっては身に馴染んだ事柄を作品にする．一般にも知られている地域の歴史事象間の意外な関連を見出して，そのミッシングリンクを想像して，記憶と歴史を創造／捏造する．山田は自らの出身地群馬を，さまざまな記録を通して，異形の歴史記憶の場所として描き出し，自らの故郷という具体性から場所の普遍性を昇華させる．

　第4章は，精神科医であり劇作家であるくるみざわしんの語り，精神病院を全廃したイタリアにおいてフィールドワークを行なった人類学者松嶋健の語り，応答（ディスカッション），および青木のエッセイからなる．くるみざわは，患者の人権が守られていない日本の精神医療界の現場，そこでの経験を通して生まれる彼の演劇，その精神的源泉でもあるさまざまな出会いについて，「今－ここ」の鮮烈さをもって語る．松嶋は，イタリア精神医療の歴史と現状，精神保健利用者とともに参加した「実験演劇室」の経験に基づいて，果てしない「外」との出会いについて語る．多くの接点と相違点をもつ彼らの経験が応答し交差する．青木は，北海道浦河にある「べてるの家」の活動とインドネシア・フローレス島の暮らしを視野にとらえながら，くるみざわと松嶋の語る，生の危機とアートの異化作用について思索する．

山田によるエピローグは，社会的構築主義を踏まえて，アートとさまざまな社会問題を位置付ける．新自由主義が支配的である現在に焦点化し，アートを巡る倫理という問題を提起し，本書全体を締めくくる．

　私たちはすべて相互に他者である．他者でありながら，あるいは他者であるからこそ，出会うことができる．これは，かつてもそしてこれからも変わらない普遍的な事態であろう．出会いは二者関係だけでなく，社会や共同体というネットワークや集合を生んできた．出会いの可能性は普遍的でも，出会いがどのような形になるかは，歴史的地政的影響がおおきいであろう．資本主義と国家を両輪とする人間世界のシステムの近代における普及により，人々は，市場からさまざまなものを手に入れ，国家へ直接帰属することにより，贈与や交換とともに不可避的に生じる出会いを経験せずに，暮らせるようになった．1990年代から始まった地球規模での新自由主義の浸透により，この傾向はさらに深化した．人々は知らぬ間にバラバラになり，同時に政治経済的格差が拡大している．このような時代的現状と複雑にからみあいながらアートは隆盛を見せている．そのような現状のなかで私たち執筆者が出会ったのは，他者との関係を大切にした暮らしに軸足をおいたアート的な活動とそれに携わる人たちだった．私たちの出会いを皆さんに伝えることができれば，本書は十分に目的を果たしたといえる．

［謝辞］
　本書の出版およびその基盤となった研究プロジェクトは龍谷大学人権問題研究委員会の助成を受けています．ここに記して深謝いたします．

注

１）Danto, Arthor 1964. The Artworld. *The Journal of Philosophy*, 61: 571-584. Dickie, George 1974. *Art and the Aesthetic: An Institutional Analysis*. Ithaca: Cornell University Press.

２）松宮秀治 2008『芸術崇拝の思想──政教分離とヨーロッパの新しい神』みすず書房.

３）https://sogyotecho.jp/shionuma-ryojun/（2021/9/30閲覧）.

４）「わら人形を通学路に…脅迫容疑で逮捕」朝日新聞2017年9月28日（川田牧人・白川千尋・飯田卓編 2020『現代世界の呪術──文化人類学的探究』春風社, p. 37, 注１）.

島村奈津 2010『エクソシスト急募　なぜ現代人が「悪魔祓い」を求めるのか』メディアファクトリー新書.

5）川田ほか前掲書，阿部年晴・小田亮・近藤英俊編 2007『呪術化するモダニティ――現代アフリカの宗教的実践から』風響社，Meyer, Bergit and Peter Pels eds. 2003. *Magic and Materiality: Interfaces of Revelation and Concealment.* Stanford: Stanford University Press など参照.

6）Berger, P. 1999. *The Desecularization of the World.* Michigan: Eerdmans, pp. 2-3.（川田ほか前掲書：10-11）.

7）本書 2 章の発表者山崎浩平，エッセイ執筆者舟橋健太，第 4 章発表者松嶋健，青木恵理子が（文化）人類学研究者である.

8）フレーザー，J. G. 2003『初版金枝篇』筑摩書房.

9）Wittgenstein, L. 1979. Remarks on Frazer's Golden Bough（transl. by J. Beversluis）In Luckhardt ed. *Wittgenstein; Sources and Perspectives.* Ithaca: Cornell University Press, pp. 61-81.

10）レヴィ＝ストロース 1976『野生の思考』みすず書房.

11）Wittgenstein 前掲書：63.

12）同上：66.

13）Gell, Alfred 1998. *Art and Agency.* Oxford: Claredon. 1999 *Art of Anthropology.* London: Athlon.

14）パース，C. S. 1986『記号学（パース著作集第 2 巻）』勁草書房.

15）松宮前掲書：57-58.

16）ド・ブロス 2008［1760］『フェティシュ諸神の崇拝』法政大学出版局.

17）ステッカー，R. 2013［2010］『分析美学入門』勁草書房，p. 11.

18）ウェーバー，M. 2005［1916］『社会学論集――方法・宗教・政治』青木書店，pp. 252-253.

19）ベンヤミン，W. 1995［1935-6］「複製技術時代の芸術作品　第二稿」『ベンヤミン・コレクション I 』筑摩書房，pp. 583-640.

20）松宮前掲書.

21）Smith, Terry. 2009. *What is Contemporary Art.* Chicago: Chicago University Press.

22）吉澤弥生 2011『アートは社会を変えるか？――文化生産の社会学からの接近』青弓社．宮津大輔 2014『現代アート経済学』光文社新書.

23）吉田憲司 2007a「地球人の遺産――ケ・ブランリー美術館27選」『芸術新潮』 3 月号：24-55. 2007b「ケ・ブランリー誕生までのドラマを教えてください」『芸術新潮』 3 月号：62-71. 川田順三 2007「失望と期待と――新博物館が提起するもの」『芸術新潮』 3 月号：88-94.

24）La Biennale di Venezia, History（https://www.labiennale.org/en/history 2020/12/25閲覧）.

25）村上隆 2010『芸術闘争論』幻冬舎．宮津前掲書．

26）宮津前掲書．

27）artscape3. 美術館を出て──パブリックアートについて(2)村田真（https://artscape.jp/artscape/series/0203/murata.html　2020/12/21閲覧）.

28）Bourriaud, Nicolas 2002 [1998]. *Relational Aesthetics*. Les Presses du Réel. ビショップ，クレア 2016 [2012]『人工地獄──現代アートと観客の政治学』フィルムアート社．

29）Clifford, J. 1997. *Routes: Travel and Translation in Late Twentieth Century*. Cambridge, Mass., London: Harvard University Press. 2013 *Returns: Becoming Indigenous in the Twenty-First Century*. Cambridge, Mass., London: Harvard University Press.

30）この研究プロジェクトは，龍谷大学人権問題研究委員会の助成を得て，2020年度と2021年度に，各章のエッセイを書いている松本拓，舟橋健太，山田創平，青木恵理子（研究代表者）により行なわれた．

31）内閣府特集 2 長期化するひきこもりの実態（https://www8.cao.go.jp/youth/whitepaper/r01gaiyou/s0_2.html　2021/10/28閲覧）．内閣府平成25年版子ども・若者白書第 1 部第 4 章第 2 節（https://www8.cao.go.jp/youth/whitepaper/h25honpen/b1_04_02.html　2021/10/28閲覧）．文部科学省（https://www.mext.go.jp/content/20201015-mext_jidou02-100002753_01.pdf　2021/10/28閲覧）．

Chapter
1

創ること，働くこと，そして棲まうこと

——知的障害者施設の挑戦——

障害のある人とともに社会を変える

岡部太郎

＊たんぽぽの家の成り立ち

岡部　たんぽぽの家は，「アートやデザインをとおして障害のある人とともに新しい価値を社会に提案する」というコンセプトを掲げています．障害のある人のためではなくて，「ともに」という考え方をとても大事にしています．障害のある人たちも社会を変える一員，メンバーであるという考えのもと，活動をしています．

　たんぽぽの家は，70年代からはじまり，そろそろ50年ぐらいの活動になる団体です．もともとは，1973年に始まりました．当時，重度の脳性麻痺，車いすに乗っている身体障害のあるお子さんたちとその親御さんたちが，市民運動として，学校を卒業したあとの居場所をつくりたいということで，「たんぽぽの家運動」という，運動として始まりました．

　障害福祉の世界っていろいろありますけども，ほかの福祉団体との大きな違いは，文化活動によってその活動を社会に伝えたり，仲間を増やしてきたり，という点にあります．

　ご存じのかたもいるかと思うんですが，最初から活動に関わり今も現役で理事長をしている播磨靖夫という者がいます．もともと『毎日新聞』の記者をしていた播磨が，たまたま70年代に奈良に赴任しまして，たまたま障害者運動に出合ったことから，化学変化が起きました．

　播磨自身は，芸術文化というものが社会に対して何ができるかというのを，ジャーナリスティックにいつも考えていました．その中でたんぽぽの家づくり運動に出合って，「障害のある人は，なぜ自己表現をしないのか」，「障害というものが，本人とか家族の責任にされているけれども，本当は社会のほうに問題があるんじゃないか」ということに気づいて，障害とか，障害者とか，福祉に対する

世間一般のイメージを変えていきたいという思いが，すごく強まったそうです．

　自分たちの活動の場をつくるという視点で始まった取り組みが，自分たちも含めて社会を変えるという視点をもつことにより，活動が広がったという出発点が，その後のいろいろな取り組みに影響しているのではないかと思います．

　まず，たんぽぽの家が始めたのが，「わたぼうし音楽祭」という音楽プロジェクトです．障害のある人が詩を書いて，そこにミュージシャンが曲をつけるという音楽祭でした．

　当時，70年代，フォークが全盛期でしたが，フォークをやっていた奈良の若者たちが，障害のある人の詩に共感して，運動に参加をするようになります．今でもたんぽぽの家のスタッフとして活動している人もいます．すごく面白いのが，福祉施設なんですけど，音楽をやっている人や，福祉の世界の外から入ってきた人が多く，現在でも活動しています．その人たちが，また面白い人材を採用していくという面白い循環が生まれているかなと思います．

　もう40年以上になるたんぽぽなんですが，現在，三つの組織によって運営されています．

　まずご紹介するのは社会福祉法人わたぼうしの会と，一般財団法人たんぽぽの家です．この団体は障害のある人たちが日々活動するための障害者福祉サービスを提供する障害者福祉施設の運営をしています．

　一方で，一般財団法人たんぽぽの家というのは，直接的なケアサービスはしていません．私自身ここにも所属しています．一般財団法人たんぽぽの家は，たんぽぽの家のメンバーも含めた，国内外の障害のある人たちの表現活動のサポートをしています．後ほど紹介する展覧会とかセミナーを開催してなど，いろいろな人たちをエンパワーメントするような，あるいは価値提案していくような活動というのをしている NPO です．さらにもう一つの団体「奈良たんぽぽの会」はボランティア組織で，わたぼうしの会とたんぽぽの家を人と資金の面で支えています．たんぽぽが活動としてユニークなのは，社福，財団，ボランティア組織がお互いを支えながら活動をしているという点だと思います．

＊アートセンター HANA の活動

　今からお話しするのが，社福の障害者施設としての活動，アートセンターHANA をご紹介したいと思います．アートセンター HANA は，2004年にオープンしました．それまでたんぽぽの家の建物は平屋だったんですが，これを機に 2

写真1 アートセンター HANA
「たんぽぽの家」提供

階建の建物になりました．ここに日々約60人の利用者が通って，活動をしています．

　HANA のキーワードは，アート・ワーク・コミュニケーションです．表現することでいろいろな人たちと交流をし，コミュニケーションを取っていくということを，活動全体をとおして大事にしています．車いすのかたもいれば，わりと高齢のかたもいれば，若い人もいます．多様な障害のある人たちが，ここに来て活動をしています．

　私たちは，あんまり障害の定義というのはしていないんですが，個人の症状を基準に認定されるいわゆる障害だけでなく，生きづらさというものが，社会との関係のなかで障害が生みだされているというふうに考えています．そういう意味では，福祉施設ではあるんですが，いわゆるサービス利用者だけじゃない，障害があるかどうか分からないような人たちも出入りをしているというユニークな場所です．そのかたたちが，ボランティアをしていたりもします．ただいるみたいな感じのかたもわりといらっしゃいます．

　ここが，たんぽぽのアートセンター HANA のアトリエです（**写真1**）．皆さんは自由に表現活動をしています．基本的にはサポートをしてもティーチング，トレーニングはしません．他の施設ではいろいろと教えるという施設もあるかもしれないんですが，ここでは基本的には本人がやりたいことをやっていただく．やりたいことがなければ，一緒に寄り添って，その人が何をやりたいかを一緒に考

えるということをしています.

　選択肢を示すというのがすごく大事だと思っていて, アートも含めてなんですけども, 支援学校を出た人たちが, 自分が一生の仕事にしたいことというのは, すぐには決まらないので, いろいろなタイプの選択肢を準備して活動しています.

　たんぽぽに来ていただくとすぐ分かると思いますが, 部屋ごとに機能があって, 絵が描けるアトリエとか, 手織りができるような部屋とか, 演劇プログラムをやっている部屋とかがあります. 現役の役者さんでもあるスタッフが, たんぽぽの家にいます. たんぽぽでは, 自分が誰かを演じることも経験できます. 建物のなかにはギャラリーもあり, そこでつくったものを見せたりもできます.

　今, 見ていただいたように生み出すことと伝える, 見せる場所があって, 自分たちが書いたもの, 自分たちがつくったものを人に見せて, その反応をまた自分たちが得ることによって, 表現の循環を生むことを大事にしています. 自分たちで表現する, 自分たちで文化をつくっていくということが, たんぽぽの中でも一番大事にしていることです.

　次に山野将志さんという名物メンバーをご紹介します. 彼自身は, たんぽぽの家に来て, もう20年以上たつんですが, 来た当初に描いていた作品とはかなり変化しています. 今ではかなり大きな絵も描くようになったんですけども, 表現活動というのが環境とか, 周りにどんな人がいるかによって, 本人の表現というのはどんどん変わっていくんだなということを, 彼を見ていて実感しています.

　最近の山野さんの絵の描き方をご紹介します. これは山野さんが使っている資料です. 山野さんは図鑑などの資料を使って描きます. 例えば, 写真集に掲載されていた, たぶんアマゾンのどこかを空撮している写真だと思いますが, これを描きたいといって, じっくり見ながら描くと, こんな作品になると (**写真 2**). ゼロから描くということはなくて, 何かを参考にしながら描くんだけども, 最終的にはこういう抽象的な形になっていくという, このメタモルフォーゼが面白いなと思います. このようにして描いていきます.

　彼がいきなりこんな絵を描き始めたかというと, 全然そんなことはなくて, 彼の経験や様々な人たちとの交流を通じて生み出されたと言えます. 十年以上前ですけども, 例えばアーティスト・イン・レジデンスとしてオーストラリアに滞在して, 現地のアボリジニの人たちと交流し, アボリジニの描画手法を学ぶという経験をしています. それによって彼自身の中でいろいろな変化があり, こういうふうに描いてもいいんだとか, たぶんアボリジニの持っている抽象化していくプロセスみたいなものが, 彼の中ではまり, 変化が起きたと思います.

写真 2　山野さんが写真集の空撮写真を見て描いた絵画
「たんぽぽの家」提供

　知的障害のあるかたやこだわりのある発達障害のあるかたは，一度描き始めた
ら同じものしか描かないというイメージが，一般的に持たれていることもあると
思うのですが，実は，全然そんなことはなくて，山野さんのようにいろいろな機
会があると，それによって展開していくことができると思います．

　最近では，企業からの依頼も多く受けるようになりまして，企業の工場のエン
トランスの壁画の仕事などもいただきました．本人が好きなものを描くだけでは
なくて，そもそもテーマが与えられて，それに対して応えるということができる
ようになってきています．山野さんの最新作は，今年（2020年）の春にオープン
した奈良で一番新しい公共施設のコンベンションセンターのロビーアートです．
半年ぐらいで描き上げました．これも，たまたまコンベンションセンターの施工
会社の担当のかたが，いい作家がいないかということで探していて山野さんを紹
介したら，すぐに話がまとまりました．6メートル×30センチというすごく細長
い絵です．奈良にいろいろなかたをおもてなしするというようなコンセプトで，
「神饌」，神にささげる食べ物というタイトルになってます．奈良の各地の神社の
お供え物を，スタッフと一緒にリサーチをして，彼自身が描きたいものを描くと
いうようなプロセスで制作をしました．ちょっと昔ですけれども，ISSEY MI-
YAKE のとあるシーズンのデザインにも使われて，ISSEY MIYAKE のお店で展示

もさせていただきました.

　たんぽぽの家を利用しているメンバーは60人ぐらいいらっしゃいますが，作家として活動しているかたは，5，6人です.常に外部から依頼があって作品を貸し出したりとか，販売をしたりとか，プロジェクトとして参加できる人たちが，常時5，6人いらっしゃって，アーティストとして創作をし続けている人が10人ぐらいいらっしゃって，あとのかたがたは，絵を描くのが楽しみで描いたりとか，あるいは，絵も何も描かないで，いわゆるルーティンワークですね，ものづくりやフリーペーパーの配布や物品の販売をサポートするようなお仕事もしています.

＊エイブル・アート・ムーブメント

　今，アートセンター HANA の活動を少しだけご紹介しましたが，私たちが活動しているエイブル・アート・ムーブメントというものもご紹介したいと思います.

　エイブル・アートは，1995年に現理事長の播磨が提唱しました.95年というのがオウム真理教の地下鉄サリン事件があって，阪神大震災があって，とにかく世の中が不安になった年でした.その95年に，播磨自身は，新しくこれから前向きに，不安な時代を乗り越えて，芸術文化をとおして，社会を明るくしていきたい，社会を変えたいというふうに思ったと言います.そのためには，アート・ムーブメントが必要だと考え，エイブル・アート・ムーブメントを始めました.

　直訳すると可能性の芸術運動です.「できないことよりもできることに目を向ける　いまあることと別様の可能性をさぐる」ということです.播磨自身は，エイブル・アートの細かい定義をしていません.その時代によって関わる人たちそれぞれが考えて行動すればいいというふうに言っています.

　一緒に取り組みをしている人たちとともにアートで社会を変え，アートに希望を託していきたいと思っています.誰もがアートに参加できるような，アクセシビリティもすごく大事だろうと話をしています.

　僕たちは活動のなかで「障害者が」というふうにあんまり言ってないんです.播磨自身も，「エイブル・アート・ムーブメント，イコール，障害者アートではないです」というふうにお伝えしています.芸術文化というものにそれまで参加できなかった人たちが，この活動をとおして参加できることが重要だと考えています.参加というのは，表現をする側もそうだし，単純にアートにアクセスするということも含めています.

最近では，障害のある人が働いても収入が低いという，障害者福祉の世界で今までずっとある大きな課題を，アートをとおして解決する取り組みをしています．

　なので，エイブル・アート・ムーブメントって，時代によってやっていることがどんどん変わるし，関わる人たちによっても解釈とかが変わっていくという，わりと研究者泣かせのムーブメントだなと，関わっている自分自身が思います．

　最近は，美術大学のゼミや授業で一緒にやりたいところがとても増えているなと思って．例えば今も京都市立芸大の学生さんたちとコラボレーションしていたり，いろいろなご依頼があったりします．

　やっていることというと，今ご紹介したのは障害者アートに関することがやはり多いです．展覧会をプロデュースしたりですとか，これは，たんぽぽの家の展覧会じゃなくて，やまなみ工房のこれまでのアート活動の歴史を，たんぽぽの家がプロデュースして展示するみたいなことをしたんですけど，そういったことをしたり，あとはセミナー，勉強会など，学び合う機会をすごく大事にしています．

　活動当初から，活動を社会化するということをいつも意識していまして，特に福祉施設でアート活動をどうサポートしていくか，そのノウハウをいろいろな人にシェアし，全国各地で優れた取り組みをご紹介する「福祉をかえるアート化セミナー」を実施しています．2003年からやっているので，もう17年ぐらいになります．当時は福祉とアートというものが結び付かなかったので，参加者がほとんどいなかったんですが，最近では，定員100名をオーバーするぐらいの人気で，全国各地から学びに来ています．年に2日間やるんですが，かなりみっちり講座をやっています．最近は，韓国とか香港とか海外からいらっしゃって，熱心に勉強されるかたもいます．

　出版にも力を入れています．最近では，『ソーシャルアート』という本を出版しています．

　また，地域活動にもすごく力を入れていまして．企業の社会貢献事業で，関西の各地域で，その地域で活動している障害のあるかたたちや福祉施設と，その地域の商店街とか，アートNPOとか，町づくりの人たちを結び付けるというプロジェクトを2000年からやってきました．これは，2018年で一旦終わったんですけども，毎年いろいろな地域に行って，展覧会や各種プロジェククト，毎回手づくりで実施しました．その結果，この20年で関西の障害者アートシーンが活発になったなというふうに思っています．

　舞台活動にも取り組んでいます．2018年度文化庁の助成を受けまして，ダンサーの佐久間新さんプロデュースで，多様な人たちが参加できるダンス作品をつ

くり，兵庫と東京で公演をしました．

＊障害のある人のアートを仕事に

　最後にご紹介したいのが，障害のある人のアートを仕事にする活動です．障害のある人の所得が低い，仕事の選択肢が少ない，個性や創造性を生かせる環境が少ない現状のなかで，障害のある人の作品をデザインとして使ってもらうという仕組みエイブルアート・カンパニーをつくりました．いつも絵を描いているアーティストと，その作品を使ってみたいという企業やデザイナーたちを結び付けて，作品の著作権利用をしてもらい収入を得るというものです．

　また，エイブルアート・カンパニーに登録をしていただいて，サイトに掲載した作品を見て，企業やデザイナーが，靴下，ハンカチ，ブーツなどを作っています．コクヨ株式会社ともかなりいろいろな仕事をしています．大きい物になると，トヨタ自動車株式会社は，オリンピックやパラリンピックを盛り上げていくのに，障害のある人の文化的側面で応援したいということで，障害のあるアスリートを応援するのに，障害のあるアーティストの作品を使うということをやっていただいています．

　最近では，JAGDA という日本で一番大きいグラフィックデザイナーのアソシエーションが，全国にいる JAGDA の会員デザイナーに働きかけて，各地域のデザイナーとエイブルアート・カンパニーのアーティストたちがコラボをして，マスキングテープや，タンブラーや，ハンカチなどを一緒につくったりしています．

　アートセンター HANA のアートは，コミュニケーションを通じて，アート，デザイン，コミュニケーションという活動領域をもつようになっていますが，いかに障害のある人たちが，ビジネスに参入していけるかということの実践と実験をしているのが，4 年前，2016年に奈良県香芝市にで

写真 3　中川政七商店とのコラボ商品「鹿コロコロ」
「たんぽぽの家」提供

きた Good Job！Center KASHIBA です．障害のある人が，3D プリンターなど
のデジタルツールと手しごとをミックスしたものづくりをしています．その結果，
無印良品を展開する株式会社良品計画など，メジャーな企業と取り引きができる
ようになったり，中川政七商店という地元奈良発の企業とコラボしたり（写真3），
徐々に仕事が生まれつつあります．彼らのアートの創造性を起点にして，いろい
ろな人が関わり合って，一つの商品をつくったり，仕事を開発するという段階に
今は来ています．

　以上たんぽぽの家の活動のご紹介をさせていただきました．

質疑応答：変化し続ける居心地のいい日々

参加者：青木恵理子・舟橋健太・松本拓・山田創平

＊アーティストと作品の紹介

青木　5，6人のアーティストがいらっしゃるということでしたが，今，どうい
うアーティストが，作品をどんなところに出しているのでしょうか．それから作
品がどんなふうに使われているかということを紹介していただけますか．

岡部　分かりました．僕が常時5，6人と言ったのが，外部から仕事や出展の依
頼が頻繁にあるアーティストなんです．たんぽぽの家は利用者が60人ぐらいいて，
その中で，アーティストとして名前が出ている人は，だいぶいらっしゃいます．
たんぽぽの家のアートセンター HANA のウェブサイトでは，20人以上をご紹介
はしています．先ほどご紹介した山野さん以外に，たとえば若手のアーティスト
では，山村晃弘さんという方が，最近では活躍されていまして．これが一番新し
いんですが，ワインボトルのラベルの柄になったんです（写真4）．エイブルアー
ト・カンパニーをとおして，株式会社桶谷ホールディングスという，酒屋さんな
どを運営している企業さんからのご依頼で，ハート柄を描いて，それがそのまま
ワインボトルのデザインに使用されるという事例がありました．

　十亀史子さんも，一時期は人の顔だけをたくさん描くという作風のかたでした．
彼女が面白いのは，様々なサイズに描く．1メートル以上の大きなパネルに描い
たりもしていて，かなりエネルギッシュに作品を描いています．実は，この数カ
月で，十亀さんは，人物を描かなくなって，動物を描くようになったんです．キ

写真4　山村晃弘さんと株式会社桶谷ホールディングス代表取締役社長（左），
　　　　山村晃弘さんが描いたワインボトルのラベル（右）
「たんぽぽの家」提供

写真5　十亀史子さんの絵画（なかよし親子）
「たんぽぽの家」提供

写真6　中村真由美さんのポップな絵（人魚）
「たんぽぽの家」提供

写真7　中村真由美さんの細密な絵画
　　　（ダチョウ）
「たんぽぽの家」提供

リンとか，コアラ，アルマジロとか，ゾウみたいな結構描きがいのある動物を，自分の体ぐらいのサイズで描くようになっています（**写真5**）．

　もう一人ご紹介したいのが，中村真由美さんという方です．この方も，わりといろいろなところに出ていますが，とてもかわいいイラストを描かれるんですね．自分の頭の中にイメージがあって，すぐ描いてしまうんです．こういったポップな作品を描く一方で（**写真6**），細密な油絵やアクリル画も描きます（**写真7**）．同じ人が，同じ時期に描いているんですが，この違いや表現の幅がすごく面白いということで，評判になっています．油彩とかアクリルで描いていく絵は，写真集とか図鑑を見ながら描いています．イラストはすぐに描けるのですが，油彩とかアクリルの写実的な絵は，彼女の中でも一枚描くのに数ヶ月から数年，僕が知っているので，もう4年ぐらい描き続けている絵があります．その違いが何なのかは，彼女も特に何も言わないので，分からないんですけども，人格が二つあるぐらいの差が特徴的です．最近では，このイラストを張り子にすることもずっとやっていて，この張り子も非常に人気があります．

　もう一人．前田考美さんも20代の若いかたなんですけど，人気が急上昇しているかたです．植物の絵を描かせたら，右に出る者はいないというか．和紙に墨と

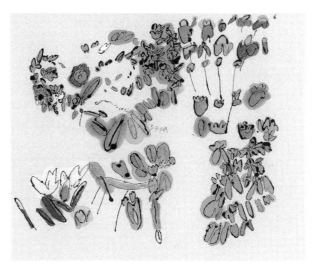

写真8　前田考美さん絵画（クロッカスとストック）
「たんぽぽの家」提供

か，水彩を描くんですけども，生き生きとした植物の世界を描き続けているかたです（**写真8**）．今年，初めて個展をしたんですが，何点か売れました．たんぽぽに所属して10年ぐらいになりますけれども，ずっとこれまでシンプルな丸，三角，四角を描いていて，それも評価は高かったのですが，数年前から先ほどの植物の作品に変わってきました．でも彼女の中で，あんまりテーマは変わってなくて，単純なかたちでスイートピーを描いてたりするんです．彼女の中でスイートピーだったりするんですけど，いきなり，より写実的というか，作風が変わっていくのです．

＊画風の変化とさまざまな要因

松本　たんぽぽだけでなく，いろいろな施設の作家さんの画風も，突然変わることがあると思うんですが，あれはなぜでしょうか．スタッフのかたとのコミュニケーションとか，何かきっかけがあったりするものなんですか．

岡部　僕の知る限りで言うと，幾つか理由があって，一つは，本当に分からないというのが，まずあるんです．その他，よくあるのは，サポートするスタッフが替わる，退職をして別のスタッフになるとかで変わるというパターン．もう一つ

が，年齢的なものによる変化があります．たんぽぽの家もやまなみ工房も，利用年数が長い人が多いんですね．だから，60代，70代ぐらいまでずっといるという中で，当然変化していくという感じです．たぶん，ご自身の経験とか，体験とか，見てきたものとか，自分がつくってみたものを振り返って，飽きてきたから新しいことをしたいみたいな感じで，長年創作活動を続けているが故に変化していくということがあります．あとは，画材とか，道具の変化によって，如実に変わっていくというのはよくあります．道具の選択肢もとてもたくさんあって，マジック，サインペン，油絵の具，アクリル絵の具，色鉛筆も含めて，描画の素材や道具だけでもたくさんあるので，それが自分にしっくりきているとかきていないとかで表現するものも変わっていくかなと思います．

　スタッフと話していてなるほどと思ったことがあります．たんぽぽもやまなみ工房も，多くの福祉施設も，みんなが同じ空間で創作していることが多いですね．その過程で，みんなが，みんなの作品をなんとなく見あっているんですね．それぞれ自分が好きなものを描いているんだけれども，隣で描いている人のも気になるみたいなことがあって，影響し合って作風が変わるということもあります．

　たんぽぽで数年前に顕著だったのが，ある時期，みんなが張り子をつくり始めたんです．中村真由美さんが始めた張り子が，山野さんに，そしてみんなに伝染してみたいな．それは一緒の空間でやっているからこその変化なのかなというふうに思いました．

松本　一つ，それに合せて，聞きたいことがありまして．山野さんが，アボリジニ・アートの体験をされて，すごく画風が変わったという話があったと思うんです．それって，経験による変化だと思うんですけれども．それはすごく素晴らしいことだなと思ったんですが，一方，お話の最初のほうで，たんぽぽの家としてアート活動では，ティーチングとトレーニングをしないという話があったじゃないですか．この点でなんか微妙に，トレーニングになってしまったり，美術教育になってしまったりという兼ね合い，バランスみたいなものはどう取っているんですか．

岡部　そうですね，それはすごく難しいところで，すごくいいご質問だなと思うんですけど．ティーチング，トレーニングしないからといって，ほっとくわけではないというのが，もう一つ大事にしていることです．これをしなさいとか，これをしなきゃ駄目だよとは言わないんだけど，これをしてみようよみたいな呼び掛けをしてみたりとか．ここに行ってみようよという声掛けは，スタッフ間でよくしています．

そのスタッフがそのメンバーに対して，これを彼が経験したら，きっと何かあるだろう，よくなるだろうなという想像というか，勘というか．それを元に，誘ったり，引っ張ったり，押したり，引いたりするみたいなことがあって．あとは，優れたアートをつくり出したいがためではないというか．それを目的にすると，たぶんつぶれていくというか．いい作品を生産するためだけに，いろいろな機会を与えるというよりは，そのメンバー自身が，今を含めてより豊かに生きていけるかということを考えて支援しています．そこで本人が，それが好きになるとか，やりたいと思うことがすごく大事で，そこの環境で，どこまでセッティングできるかというのは，スタッフの仕事かなというふうに思っています．

　結局，皆さん，わりとはっきりしているのが，やりたいことはやるけど，やりたくないことはやらないということなんです．たぶん，僕たちが押しつけを続けていると，もうアトリエには来なくなったりとか，たんぽぽからいなくなるだろうなと思っています．

　先ほど，成功事例のように，愛媛の工場で大きな壁画を描きましたと言いましたけど，実は後日談があって．かなり彼も頑張って描いたので，描いたあと半年ぐらいは，アトリエに寄り付かなくなるみたいな，そんなことはよくあります．

　でも，そこで彼を，なんとしてでもアトリエに連れ戻そうというふうには，僕たちは考えなくて．ちょっとお休みをして，例えば，今だったら，外でもうちょっと活動ができるように，畑みたいなところがあったら行ってみるとか，何もつくらないでもいいから，一緒にいるみたいな，そういう支援の選択肢みたいなことを，また示すということを大事にしています．

　いい意味で，押し付けないというか．そういうことを心がけながら，現場では支援していると思います．

松本　なるほど，分かりました．

舟橋　本当に興味深く伺いました．1995年から，このエイブル・アート・ムーブメントということなので，もう25年ぐらいですね．本当にすごい作品が多く，発信もされているので，言えばちょっと有名になってはると思うんですね．語弊があったら，すみません．それで，活動しはるご本人たちと，周囲の人たちとの間で，思いのずれというんですか．なんか有名になっていて，たんぽぽさんに来るときに，周囲の人が，期待をすごい持ってきはったりとか．本人のかたと，スタッフやご家族，そのへんの難しさというのはあったりされるんですか．

岡部　そうですね．それは，まったくないわけではないです．福祉施設なので，60人いたら60人に対して，たんぽぽの家はとにかく個別なんですね．個別に，こ

の人がこういう才能とか，展開ができるかみたいなことをやっていくなかで，山野さんみたいに突出していく人もいれば，アーティストとしてはすぐに外に出ていかない人もいるわけで．その人からすると，たぶんすごくうらやましかったりとか，何か悔しさみたいなものも，たぶんあると思うんです．でも，逆にそれがばねになって，自分も頑張るとか，あるいはアートではない方向で何かやりたいみたいな，きっかけにもなるというのが，結構これまでの経緯としてはあるかなと思っています．

　メンバー同士だと，みんな，ずっと一緒にいるので，その一人一人がどんなペースで，どんな方向性で花開くかというのはわりとじっくり見られます．

　そういう意味では，一人一人に対して，今は山野さんはああやってアーティストで活躍しているけれども，あなたは全然違う仕事づくりのほうでやれるんじゃないかとか．人と会うのが好きだから，例えば現場の接客みたいな部分でステップアップしようかみたいな感じで，細かく対応ができるので．福祉施設の中でやっているアート活動という意味では，いろいろな調整もできているかなと思います．

　あと親御さんの期待も大きいと思います．親御さんには，結果としてのアート，というふうに言っています．何回も言っているんですけれども．トップアーティストを育てようと思って支援しているわけではなくて，結果的にその時代性とか，作品，作風がはまっているのであって，それはずっと続くわけではないと思うし．

＊運営と時代による変化

山田　いくつか，お伺いしたいんですが，一般財団法人の財源というか，その運営はどんなふうにされているんでしょうか．

岡部　いい質問をありがとうございます．

　毎年，どういうふうに財源確保しているかというと，多くは企業と国，行政，あるいは助成財団の補助金，助成金によって運営しています．なので，今，この時期そうなんですけど，事業計画に沿って来年度の助成金をどうするかという感じで，何本もアタックして，そのうち何本が通って，という感じです．財団法人はスタッフが六人．そこにプロジェクトごとに関わるスタッフが数名います．

山田　ありがとうございます．1995年ぐらいに，エイブル・アート・ムーブメントというのを定義されて始まっていったという話をお伺いしましたが，私はエイズが専門なんですけれども，1995年は，日本国内でHIV陽性のかたが非常に多

く亡くなった年なんですね．京都だと，ダムタイプ（Dumb Type）が活動を展開して，エイズやジェンダー，セクシュアリティをテーマとしたパフォーマンス作品『S／N』がつくられました．阪神大震災もこのころですね．この時代，NPOとか市民運動というのが，日本が新しいステージに入っていった時代だと思うんですけれども．

　そういう時代背景があったとして，それが現在まで，そのあと新自由主義的な改革が日本中を席巻していく，そういう時代になったと思いますけれども，このエイブル・アート・ムーブメントの捉え方が団体の中でも，やっぱり変化していったんじゃないのかなという気がするんですけれども．大きな流れとしてどんな変化があったとお考えでしょうか．

岡部　エイブル・アート・ムーブメント自体が，1995年当初は，まずは障害のある人のアートを，きっちりと美術的に評価する状況をつくりたいというところから始まったんですね．

　何をしたかというと，しっかりとキュレーションが入って，公立の美術館で初めてエイブル・アートというテーマで展覧会をしたというのが，1996年だったと思います．障害者がどうのというよりは，作品としての質とか，コンセプトを立てて展示をするということをまず初めにしました．

　同時に，ネットワークをつくるということをしました．当時，90年代に，全国各地で既にアート活動をしている団体とか，個人の方がたくさんいらっしゃって，ほとんどはその人たちが，自分たちだけでやっているとか，地域の人には知られているんだけれども，なかなか広く知られていないという現状がありました．

　播磨の考えなんですけれども，小さな取り組みも集合体として社会に伝えることでムーブメントになるという考えがありました．たんぽぽ以外にもあちこちにいいところがあるから，それをまずは見せるよ，みたいな感じで展覧会を起こしていったというのはあります．たんぽぽのはそのあとになって見せていくんですね．

　わりと面白いのが，そういう本流の美術のムーブメントから，どんどん離れていくということをしまして．美術館とか，ギャラリーではないところで，どんどんやりましょうというかたちに，2000年代ぐらいはなっていきます．地域の中に潜り込むという感じで，大きく中央で華々しく見せるのではなくて，小さく地味かもしれないけれども，そこにいる人たちと，アートとか文化を，確かめながらつくっていくという手法に，だんだん変わっていきます．

　と同時に，障害のある人の表現がすごい，みたいな見せ方が，ちょっと減って

いって，いかに一緒に何かつくるかというところを，僕もなんですけれども，いろいろやってきたなと思っています．それが，だいたい2000年代ぐらいかな．「アートリンク」というプロジェクトをして，障害のある人と，その地域のアーティストが，一定期間一緒に過ごしたり，何かものづくりをするプロジェクトをすごくたくさんやりました．

あとは，「存在と生活のアート」というテーマで，障害者の生活とか存在から，美とか価値を見いだす，ほとんど現代アートみたいなテーマで，障害のある人が描いた絵とか，つくったものではなくて，その人の存在をどう見るかみたいなことに，だんだん変化していったなと思っています．

そのムーブメントは一度，ひと段落して，最後にご紹介したような，実は福祉の世界では切実な，仕事とか，働くという問題に取り組み始めたのが，2010年代ぐらいからです．また，加えて説明すると，支援者の移り変わりというのを，僕は実感していて，90年代にエイブル・アート・ムーブメントが始まった当初は，企業の社会貢献事業としての側面がすごく大きかったです．トヨタ自動車とか，明治安田生命といった，かなり大きな会社の社会貢献事業として取り組むことが多かったです．

当時は，大きな企業の社会貢献担当のかたが，播磨の考えに共鳴して，かなり大きなお金を出してくれて，いろいろな展覧会とかイベントができていたんですけれども，2000年代になって，企業の支援が減ってくるんです．

社会貢献のトレンドがどんどん変わってきた．それが，環境だったり，子どもだったり，たぶんいろいろなふうに変わってきたというのがあって．2000年代に，国とか行政の障害者アート支援というのが，どんどん増えてきました．最近は厚生労働省とか，文化庁とかと仕事をする機会が非常に増えてきて，企業と入れ違いで，行政の支援というのが増えています．

企業が面白いのは，それまで社会貢献だったのが，本業としてだったらやりたいというところがすごく増えてきているところです．例えば，先ほどの靴下の企業タビオ株式会社といって，毎年たんぽぽに寄付してくれていたような企業なんです．でも，エイブル・アート・カンパニーができてから，靴下を一緒につくりましょうという話になりました．柄がすごく人気で，毎回つくる柄が，ほとんど売れてしまうので，会社の収益につながるので，次もやりたい，本業にもつながるし，それが社会貢献につながるみたいな感じで変わってきているんだなと思っています．

＊創ることと仕事

山田　もう一個だけ，聞きたいんですけれども．さっきのお話しの中で，デザインというのが出てきたところが，すごく興味深かったんですね．松本先生の話とも，ちょっとつながるんですけれども．作品をつくるときって，基本的には，売れるか売れないか関係なく，つくりたいからつくるみたいなところから出発しますよね．それが，売れるということは，すごく価値があるということだと私は思うんですけれども，一方で，もう純粋にそれが認められるとか，売れるとかということとは関係なく，ひたすらつくりたいものをつくるという姿勢も，また価値を持っていますよね．そこを，どうビジネスと切り分けるのか．どんなふうにバランスを取られているのか．いかがでしょう．

岡部　いいご指摘だなと思います．いわゆるつくりたい意欲みたいなものから始まって，伝わることが大事で，それが仕事に，高まっていくみたいな感じなんですけど．

　たぶん，現場は全部，それぞれにチャンネルをあわせていく，広がりとして捉えるということをしていて，仕事にもなれば，仕事にもならないという状況を，どっちも同じ価値だよねと思っているスタッフもいると思います．

　これは，僕はいいことだなと思っています．それまで，あまりにも仕事にならなかったという前提があって，そこに，もしかしたら使ってもらえるかもしれないというチャンネルが生まれたよという考え方です．なんていうかな，課題としては，それがビジネスになればいいなというのはあるんですけど，現場としては全て等価値で考えていて，どうにもならないものですら，ちゃんと価値があり，それが大事だということを思うのを大事にしています．アトリエでキャンバスの上で生まれているものだけがアートじゃないよというふうにはよく言っていて，生活の中であったりとか，かたちにならないものでさえ，何か価値があるのかもしれないと思うんです．

松本　今のお話しの関連で，ちょっと聞きたいことがありまして．仕事の話なんですけれども．よく福祉施設では，内職のような仕事が多いと思うんです．

岡部　はい．ええ．

松本　それは，仕事にはなっていると思うんですが，人間性の表現という，実存とかに関わる部分では，あまりうまくいっていないような感じも受けるんですが，内職のような活動については，たんぽぽの家とか，エイブル・アートとしてはど

ういうふうにお考えでしょうか．

岡部　僕は，内職も立派な仕事の一つだと思っています．たぶん，たんぽぽの家でご覧いただいたかもしれないんですけれども，ルーティンワーク，作業というのもすごく大事で，それがすごく好きですごくはまっているという人も，中にはいらっしゃいます．

　ただ，内職しか選択肢がないというのはよくないなと思っていて，いろいろな仕事があるなかで，内職を選ぶのだったらいいと思うんです．内職は，自分がやった仕事がどう社会の中でつながっているのかとかが，一見分かりにくいものが多いんですね．なので，そういう意味では，本人の実感とか，やりがいというか，楽しんでいる時点でやりがいになっているとは思うんですけれども，本人も含めご家族とかの誇りみたいなものにつながりにくいということもすごく思います．すごく難しい問題なんですけれども．

　あと，内職というのが，誰でもできる仕事なので，今まで福祉施設でやっていた仕事は海外に流れていったり，機械化，AI（人工知能）とかの台頭によって，そこまで発注が来なくなったりということも状況としてはあるんですね．

　だから，内職しかないという福祉施設は脅威に感じるかもしれません．他にも，いろいろな選択肢を準備しなくてはいけないということはあると思うので，そのあたりなのかなと思います．

松本　Good Job! Center を見学させていただいて，一つのグループは，張り子をずっとつくっていて．もう一つの，別館にいたグループは，歌を歌っていたんですけれども，あれはどういう違いで分けていたんでしょうか．

岡部　それは，基本的にその人がどっちが合っているかという話です．

　どっちも仕事です．スタッフが面白くて，その歌を歌っているのを，YouTube で商品解説ソングみたいにして歌ってもらっている時点で，好きで歌っていた歌が仕事になるとかいうことがあります．

　あと，見たと思うんですけど，ガンプラが大好きなメンバーがいて，あちこちにガンプラを置いていましたよね．家でガンプラをつくって，持って来ちゃうんですけど，それを駄目って言わないで，今置いてある商品を引き立たせるのだったらいいよというふうにスタッフが言って，例えば，ポップをガンプラに持たせたりとか，そういう彼なりに，Good Job! Center の商品販売に貢献しようとしているので，それはオーケーと，何か，禁止とかというよりは，彼がやりたいことを，どうその活動に結び付けていくかというのを一緒に考えるというのがすごく大事だなというふうには思っています．そういう意味では，歌を歌うのも，張

り子をつくるのも，同じ仕事ですよね，ということで捉えているということです．

松本 　最後に一点，ずっと考えていることなんですけれども．障害を持たれているかたで，働きたい，お金を稼ぎたいと感じているかたが結構いると思うんです．それって，自分の中から出てきたのか，誰かに，親とか，学校とか，社会からそういうメッセージを受けて，社会人というものはお金を稼いで納税してとか，そういう外的な価値観から来ているのか．どういう経緯で彼ら，彼女らはお金を稼ぎたいと思っているんでしょうか．

岡部 　それは本当に，人それぞれだと思うんです．たぶん，われわれが思う「働かなきゃ」という，強迫観念のような「働きたい」というのと，稼ぎたいというのと，彼らの働きたいというのは，またちょっと違うみたいなんですよね．

　稼ぎたいっていうのは，やっぱり収入を得て，少しでも生活を安定させたりとか，あとは，その得たお金で好きなものを買ったりとか，好きな人とどこかに行きたいという，いわば当たり前の願望を持っているという人がわりといます．働きたいというのは，たぶん人に認められるとか，自分もそこで居場所があると思えるということが，その人の幸せとか，安定につながるということがあると思います．

　実は，Good Job プロジェクトが始まるきっかけは，たんぽぽの家で，もう亡くなってしまったんですけど，重度の脳性麻痺で，ずっと車いすに乗っていたかたが，スタッフが「何したい」って聞いたときに，ぽつっと「働きたい」と言ったのがきっかけです．こんな重度の人でも，働きたいとやっぱり思うんだというのがきっかけです．その人に仕事がないというのは，僕たちが仕事がつくれていないだけじゃないかという話になって，そこから Good Job というプロジェクトが生まれたんですね．

　なので，稼ぎたいという人たちと，働きたいという人たちがいて，あとはそれが組み合わさっていく．働くということはお金が稼げるということで，そういう外的な要因もあれば，自分の中から沸き起こるものもあると思うんです．そういったものが，それぞれの障害のある人たちの心にやっぱりある．それは，障害が重い軽いにはあまり関係ないんだなというのをすごく感じました．

青木 　働きたくないという人も，結構たくさんいるんじゃないかと思うんですが．絵を描くわけでもないし，働きたくもない．仕事をすることに対して抵抗を示すというのか，したくないんだろうなと思えるような人たちがいると思うんですが．その人たちは，Good Job! Center には行かないんですか．

岡部 　一人ひとりのことはわかりませんが，たぶん，Good Job! Center には，

そういうかたは，あまりいらっしゃらないと思います．たんぽぽの家には，働くとか，どうとかいうよりは，ここが居心地がいいという人もいます．で，ここにいてもいいというふうに，自分も周りも思っているというのがすごく大事で．安心，安全な場所というか，ホームというか，なんかそういった感覚があるみたいなんです．

＊居心地のいい場所

山田　エイブル・アートの話を伺うときに，よく出てくる言葉で，セラピーってありますよね．それで，楽になったりとか，落ち着くといった話は聞くことはあるんですけれども．今日は，そのセラピーという言葉が出てこなかったんですけれども，あまりその活動の中では，言葉としては使っていらっしゃらないということでしょうか．

岡部　そうなんですよね．他のスタッフがどう考えているかは分からないんですけど，僕自身は，表現することで．結果的に，何かが身体的というか，表情的によくなるみたいなのはあるとは思うんです．

　でもたぶん，表現することって，プラスに働くこともあれば，マイナスに働くこともあって，どちらも保障されているのが表現だと思うので．アートをすることによって，癒やされるというのは，ちょっと違うんだろうなと思いながら，あと医学的な裏付けが自分にはまだよくわからないというか．あるいは，本当にセラピーとして追求している人に対しても，失礼になるのかもしれないなと思ったりとか．

　あくまで，文化的な活動の運動なので．人によっては，それがセラピーとして捉えられるかもしれないけど，少なくとも僕自身はセラピーとは思っていないというのはありますね．

山田　それは，セラピーだと，アート，作品のほうに重点が置かれるんじゃなくて，結果的にそれがセラピーになるというセラピーが目的ですよね．

岡部　そうですね．まさに，そうです．

山田　創作自体が，やっぱり重要だっていう，そういう意味という理解でいいでしょうか．

岡部　はい，そうですね．で，もちろんセラピーが目的でやるのも，まったく否定していなくて，それが本当に効果があるのだったら広めたらいいなと思うんです．でも，それってやっぱり，それぞれの状況というか，やり方によって全然違

うと思うので，それはあえて今僕がやろうとは思わないです．

　ただ，一個だけ補足するのであれば，たんぽぽの家が事務局を置いている，アートミーツケア学会というのがあって，医療関係者とか，施設関係者とか，アート関係者と研究者のかたがたが同じプラットフォームで対話をしたりとか，議論研究ができる場というのをつくっています．そこでは，病院の活動で，セラピーとしてのアート活動の報告があったりとか．その意義について議論する場というのは開かれているので，それはそれですごく意味のあることだと思っています．

山田　ありがとうございます．あと，もう一つなんですけれども．環境によって作品が変化するというお話しがあるんですけれども，それと同時に，具体的な障害名は持っていないけれども，ここにふらっと来ている人たちがいるという，これも環境だと思うんですね．何か，その社会との接点というか，社会とどういうオープンなお付き合いがあるのかというところは，非常に興味があるんですけれども．

　どうでしょうか．例えば，私の関心だと，日本では法制度の関係で性同一性障害という呼称が使われることがありますが，いわゆる性別違和や性別不合のかた，トランスジェンダーのかたとか，いろいろな社会的にマイノリティであるとか，居場所がない状況にある人というのはたくさんいると思うんですけれども．そういった人がいらっしゃったりとか，関わりがあったりとかもするんでしょうか．

岡部　はい．たんぽぽの家で言うと，いわゆる障害者手帳を持つほどではない，いわゆる軽度の障害のあるかたが，数人ボランティアとしていらっしゃっているんです．

　普通に，施設利用はできないんだけれども，居心地がいいので，うちのメンバーと一緒にものをつくったり，あるいはサポートする側に回ってもらうということをしています．

　ボランティアというのが，たんぽぽの家は文化としてずっと根付いているので，特にお金をお支払いするわけではないんですけれども，一緒に何かをしてもらう．先ほど言った，働きたい居場所につながることだと思うんですけれども．この，30年，40年は，ずっといろいろな，地域の主婦のみなさんや，大学卒業したけど，なかなか環境になじめないという人たちが来たりしていました．

　もう一つ，美大や芸大の学生が来る機会が多いです．美大の学生，特にファインアート（fine art）系の学生が，きっかけは教育実習とかでたんぽに来るんです，教員免許を取ったりするので．たまたま来る学生がそのあとボランティアで

来て，そのままバイトになってスタッフになる，みたいなことがあります．

　なんとなく，障害者に対しての親和性というのがあって，とてもいいケアをするんですね．それももしかしたらその人の，一つの居場所ですね．ただの職業，就職口の一つというよりは，すごく大事な場所として捉えられているのかなというふうに思うこともあります．

青木　今の話しの続きで，美大の学生さんが来て，ファインアートをやっていて，専門家ですよね．それで，ティーチングをしたくなっちゃったりする人はいないんでしょうか．

岡部　いや，それが面白くて，やっぱりいました．美大生って，基本的に自分の表現が一番というか，突き詰めるじゃないですか．最初は，いろいろ教えようとしたりとかするんですけど，まあ，だいたい拒合されまして．心が折れるんですね．それで去っていく人もあれば，そこで一つ考えて，なんかこれは違うなと思って，障害のある人との関係を続ける人たちもいる．

　大事なのは待つというか，何かをさせるとか，押し付けるというよりは，彼，彼女が，そのメンバー，利用者のかたが何を求めているのかを待ったりとか，引き出すみたいな姿勢が身に付いてくると，すごく成長する，いいケアをする人になってくるんです，一人の表現者から．

　そういう事例は，いくつも見ていて．だから，そういう意味では，なんていうのかな，福祉に美大生を利用するのではなくて，そもそも美大でやっていること自体が，福祉施設のケアにすごく大事なポイントみたいなものがあって，うまくそれがマッチすると，すごくいい職場になるんじゃないかと思います．

松本　この研究会のテーマの一つは，大学を居心地のいい場所にできないかというものです．どうでしょうか，岡部さんから見て，大学を，居心地よくするには，どうしたらいいでしょう．

岡部　僕は，まったくアドバイスできる立場ではないんですけど．経験から言うと，たぶん，あまり目的を持たない場所をつくって，そこに集うような環境をつくるのがいいなと思っています．そういう場所って，大学の中ではないなと思っていて．軽くでもいいので，何かが表現できるような場所みたいなことでもいいのかもしれないですね．でもそれって，言うのは簡単で，実際はとても難しかったりするんですけど．

注
1 ）滋賀県甲賀市にある，アート活動の盛んな障害者施設．

（実施日　2020年10月22日）

労働と芸術が交わる地点

松本　拓

　労働とは何であろうか．労働を通して我々は何をしているのか．労働にどんな意味があるのだろうか．熟練の旋盤工であり，作家でもある小関智弘は労働について次のように述べている．「どんなに合理化されてきても，ものを作っている過程だけは自分のものだという，犯されぬ領域があること，その領域の中では，遊びと同様に胸をドキドキさせ，新しい疑問を自分で作り，それに勝負をいどんでゆく賭けの醍醐味もある」．これは旋盤工という職人としての経験から導き出された考えだが，決して職人に限定されるものではない．労働の意味を考えるのに非常に示唆に富んでいる．ここで語られたいくつかの言葉を手掛かりに，労働とは何かを考えていくことにする．そして，最後に，我々は労働と芸術が交わる地点を見出すことになるだろう．

　まずは「自分」というキーワードから考えていこう．小関は繰り返し，労働が「自分」に関わるものであることを強調する．小関もエッセイの中で述べているが，一般的に働くことは「傍（はた）を楽（らく）にすること」だと考えることがある．つまり，自分のために働くのではなく，社会や周囲の人間のために働くことに意味を見出す労働観である．もちろん，この考えを否定はしない．だが，同時に労働は「自分」に強く関わるものである．ここでは小関の言葉に従いながら，労働を「アイデンティティ」や「私」と関連させて考えていくことにする．

　少し話が逸れるが，発達障害をもつ綾屋紗月の当事者研究に注目したい．綾屋の研究は「私」について理解する大きな助けとなる．綾屋は自身の身体感覚をまとめあげることに大変な苦労がともなう．今，自分が何を感じており，自分がどのような状態なのかを把握できず，混乱してしまうことがよくある．

我々は，普段，様々な身体感覚を感受している．定型発達者の場合，その時々で，必要な感覚だけ集め，不要なものが意識に上らないことで，今の自分がどのような状態にあるのかを自覚できている．しかし綾屋の場合，「手足がつめたい」，「肩が重い」，「胃のあたりがへこむ」，「ボーっとする」，「動けない」等々の感覚が全て等価で意識に上がってくるので，自分が空腹なのか，寒さに凍えているのか，疲れているのか等々の判断ができない．これは身体の内部の情報だけでなく，外部からの情報に対しても同じである．たとえば複数の音情報に溢れる居酒屋のような場所だと，必要な音情報に集中できず，目の前の人との会話にも支障をきたしてしまう．

　綾屋の当事者研究は，発達障害の有無に関係なく人間理解を深めてくれる．世界は我々にとって過剰なのである．我々は常にそのような過剰性に晒され，そして過剰性を取り込むことで過剰な「私」，あるいは複数の「私」が生み出されている．だが複数の「私」は日常生活を送るのには適していないので，それらを収斂させて単数の「私」へと近づける．無数の「私」を繋ぎ合わせ，組み換え，変換させ，変質させて過剰な世界の中に輪郭のはっきりとした「私」を生み出す．これは見方を変えれば，世界の中に自分の「領域」を作ることでもある．あまりに過剰で意味を成さない世界の中に，「私」という意味ある「領域」を形成しているのだ．この考えに則して，小関の言葉を振り返ろう．小関はものを作ることで，何ものにも「犯されない領域」が生じると述べている．我々はものを作るという行為を通して，世界の過剰性に応じて生じた複数の「私」を1つの方向性へと収斂させていく．ものを作るということは「私」を作ることでもある．また同時に，ものを作ることは，過剰な世界に働きかけ，「私」の領域に巻き込み，より明確な意味を世界の中に生み出すことでもある．

　ここまで「私」としてきたものを，「アイデンティティ」と「私」に区別しておこう．最も収斂したところに現れるものを「アイデンティティ」とし，収斂していく過程の部分（複数の「私」が生成変化していく部分）を「私」とする．「アイデンティティ」は客観的に認識可能で，他人に提示することも容易であるのに対して，「私」は生きる過程の中に現れるもので，自身でも認識することは困難である点に違いがある．我々はこの「アイデンティティ」の部分で社会的活動に参加する．自分が何者で，何ができて，何が好きなのか等々を明確

にすることで，他人とのコミュニケーションを円滑に進め，共通の目的に向かって活動する．労働はその最たるものだろう．労働の現場では，自分が何を考え，何を伝えようとしているのか等を常に明確化することが求められる．また，一度形成された「アイデンティティ」は不変のものではなく，常に更新されていく．たとえば労働の中の成功や失敗を通して，労働への向き不向きや自身の能力や適性を再認識させられ，「アイデンティティ」の再構成の方向性が決まる．そして労働の合理化や効率化が進展すると，「アイデンティティ」はより一層の明確化が求められるようになる．効率的に労働を進めるには，組織が個人の能力を客観的に管理し，適宜組み合わせる必要が生じるためだ．そうなると，社会が求める要素を組み合わせただけの「アイデンティティ」へと自身を形作るようになる．このような「アイデンティティ」の形成は労働の場面だけではなく，生活全般の中で進展していく．社会学者のアンソニー・ギデンズは，自身を常にモニタリングして，「アイデンティティ」を構成していく状況を自己に対する「再帰的プロジェクト」と呼んでいる．

　このように社会的要請に応じた「私」(「アイデンティティ」を含む)の発生がある一方で，異なるパターンの「私」の発生がある．小関はもの作りを「疑問」に例える．ものを作る過程では，様々な「疑問」が出てくる．初歩的な道具の使い方から，新素材の扱い，先端機械の導入，新しい技術への挑戦等々．傍からみると，それらは労働の一環なのだから，社会的要請に応じたものに見える．しかし，小関はそれらの「疑問」に応える時の感覚を「賭け」や「遊び」に類するものとしている．道具の使い方を体で覚えるとき，どのように複数の「私」が道具に対して収斂し，組成されていくのか，小関自身でも分かっておらず，新しく生成していく「私」のプロセスの中に喜びや楽しみを感じている．それは自らの意志で何かを成していると同時に，成り行きに任せる感覚が大きい．そして，その成り行きに対する信頼がそこにはある．信頼があるからこそ，結果の分からない「賭け」に全力で挑んでいくことができる．先程，少し触れたギデンズの「再帰的プロジェクト」においても，信頼が重要な働きをしている．社会的要請に従い，「アイデンティティ」を形成する際に，専門的知識や専門家を信頼する．また，そういった専門知識を土台にしている社会システムを信頼する．自分でわざわざ専門知識の内容を細部にわたって確認はしないが，

きっと専門家はキチンとしているだろう．あるいは皆が専門家を信じているのだから，自分も信じようと考える．このような信頼と小関が抱く信頼は全く異なる．それでは小関は何を信じているのだろうか．それを解き明かすのに，社会学者のスコット・ラッシュの考える美的原理による表現的意味創出が参考になる．

　ラッシュは専門家システムを信頼し，社会的要請に従った「アイデンティティ」形成では自己の意味，そして社会の意味を見失うとして，意味獲得の別の可能性を探る．それが美的な領域における表現的意味創出だ．ここでは表現的意味創出について，ゲオルグ・ジンメルのエッセイを用いて説明しよう．ラッシュも述べているが，社会学において，最も早い時期に，美的なものや表現的なものの重要性を説いたのがジンメルである．社会学者でもあり，哲学者でもあったジンメルは社会学の枠に収まらない思想の持主である．そんな彼の魅力がいかんなく発揮されるのが，学術的な文章ではなくエッセイである．「冒険」と題されたエッセイの中で，ジンメルは冒険と仕事を対比させて，世界との関わり方や向き合い方について次のように説明する．

　　冒険によって世界を強引にわれわれのなかに引き込む．われわれが仕事によって世界からその贈物を獲得するやり方との違いがそれ（世界との関わり方）をあきらかにする．仕事はいわば世界に対して有機的な関係をもっている．仕事は世界を人間の目的に合致させるためにその素材と力を持続的に発展させるのに反して，われわれは冒険によって世界と非有機的な関係をもつ．冒険は征服者の身振りをそなえていて，それによってわれわれが自分に対して，世界に対して，あるいはこの両者の関係に対して，有機的な断片を得るか非有機的な断片を得るかにかかわりなく，やにわに機会をつかむ．しかし他方われわれは冒険において他のあらゆる関係においてよりも，世界のなかのわれわれの生の総体とより多くの橋によってむすばれ，それゆえに衝撃や危険に対して，用意された回避や適合によってわれわれをよりよく保護する他のあらゆる関係においてよりも，無防備に予備なく世界に委ねられている．われわれの生がそのなかを辿って行く行為と受苦の組み合わせがここではその二つの要素を，一切のおのれの力と事に

臨んでの沈着さに負う征服者の態度と，われわれを幸福にするかもしれないがまた返す力でわれわれを破壊することもある世界の暴力と機会への完全な自己放棄とに拡張する．

　ジンメルは，仕事（労働）によって，われわれは「有機的」に世界と関係すると述べている．ここでの「有機的」関係とは必要性によって結ばれた関係と考えればよいだろう．それに対して，冒険は世界に対して必要性とは無縁な向き合い方である．それはまるで何の前触れもなく襲ってくる征服者のようで，強引に世界を自分の中に引き込む．しかもその征服は事前の準備も計画性もなく，成り行きまかせで，それでいて，自信に満ちている．しかしながら征服の成功は約束されてはおらず，世界による反撃に対して無防備にその身を晒し，常に危険が傍につきまとう．ジンメルは冒険のこの形式が芸術における表現と同じであると考える．芸術表現もまた，何の成功の保障もないまま，強引に世界を取り込んで自分の表現として意味を作り出していく．もはや芸術表現は世界の意味連関から外れている．世界にとって芸術表現は必ずしも必要ではない．それにもかかわらず，芸術表現は世界と共振するリズムを確かに持っている．だから美的な表現は世界に新しい意味を創出する事が出来る．冒険家が歩み，芸術家が描くのは，世界と「私」が未だ分かたれていない領野においてだ．そこで熱狂と陶酔が支配する瞬間と偶然性と過剰性に満ちた永遠を彼らは同時に生きる．過剰な世界に応じて出現する複数の「私」を同時に生きる．「私」が世界を引き込むように，世界もまた「私」を引き込む．一度，形を成した「私」も，世界の過剰性に耐え切れずに，ほどけて，砕けて，その意味を失う．だがその度，再び意味創出するため，冒険家や芸術家は侵略者となり世界に襲い掛かる．

　冒険家の大胆で無防備な歩みや表現を可能にするのは，専門家による地図や道具ではない．彼らが最後に信頼するのは「幸運」だとジンメルは述べる．「幸運」とは世界と「私」の結びつきの強さの事である．「幸運」を信じるとは，自身が生み出した「私」の意味が世界と確かに繋がっているという強い信念である．小関が信頼をよせるのも，社会の専門家システムではなく，世界と「私」のつながりに対してだ．小関の労働は社会からの要請に応えるものでは

なく，世界の問いかけに応えるものである．確かに小関が挑戦する問題は，社会的な要請がきっかけであったかもしれない．しかし，いつの間にかその問題は小関にとって何よりも重要な問いかけとなり，金銭的対価とは別の意味を持つようになる．あたかもこの問題に挑戦することが，世界の大いなる神秘を解き明かすことにつながるような，誰も足を踏み入れたことがない大地へ冒険家が挑むかのような，そんな感覚を抱くようになる．

　冒頭の問いに戻ろう．労働とは何か．労働とは，冒険家や芸術家のように世界の中に「私」という意味を創出することだ．この意味は世界の中の自分だけの「領域」となる．「領域」は2つあった．世界の問いかけに応じて現れる「私」‐世界の「領域」と，社会の要請に応じて現れる「アイデンティティ」‐社会の「領域」である．社会から必要とされ，社会に居場所が見つけられたとしても，世界の問いかけに応じることがなければ，世界に居場所を失う．また逆に，世界からの問いかけに応じるだけで，社会の要請に応じなければ，社会の居場所を失うことになる．ただし，これは二者択一の問題ではない．社会の要請の中に世界からの問いかけの声を聴くことは可能だ．だがそれは容易ではない．我々は社会から必要とされることを，あまりにも強く望んでいる．そして社会的なつながりや社会的承認を失うことを恐れる．まるで恐怖症のように．近年，ますます注目を集めるようになった社会的包摂（ソーシャル・インクルージョン）はこの恐怖への裏返しなのかもしれない．かつてと比べると，社会に居場所を見つけることは比較的容易になったように思える．それでは世界の居場所はどうか．「私」はどこに生きているのだろうか．

参考文献

綾屋紗月，熊谷晋一郎『発達障害当事者研究　ゆっくりていねいにつながりたい』医学書院，2008年．

U・ベック，A・ギデンズ，S・ラッシュ（松尾精文，小幡正敏，叶堂隆三訳）『再帰的近代化　近現代における政治，伝統，美的原理』而立書房，1997年．

小関智弘『粋な旋盤工』岩波書店，2000年．

G・ジンメル（円子修平，大久保健治訳）『ジンメル著作集7　文化の哲学』白水社，2004年．

Chapter

2

インドにおける祝福と未来の招来

Talk

ヒジュラの紐帯，生業，パフォーマンス
──女神への献身と市民の人権──

山崎浩平

＊はじめに──「ヒジュラ」とは──

「ヒジュラ」というのは，南アジアにおいて，女装し，女性的に振る舞い，女性的話法を用い，慶事において，ヒンドゥー女神バフチャラの恩寵を与えるパフォーマンスを行う人たちのことをいいます．バフチャラ女神の本院はグジャラート州にあります．グジャラート州は，インドの北西部にあり，マハートマ・ガーンディー（Mohandas Karamchand Gandhi, 1869～1948）のふるさとでもあります．1990年に民族誌を書いたアメリカの人類学者のセレナ・ナンダ（Serena Nanda）により，ヒジュラは「男でも女でもない」と捉えられました．またヒジュラは歌と踊りのパフォーマンスをして，お金を稼いでいます．

写真1の真ん中のサリー（ヒンドゥー教徒の女性の衣服）を着た人がヒジュラです．右の男性の頭に手をかざして女神の恩寵を与えています．その男性は男の子を抱いています．場所はバフチャラ寺院です．

＊研究の変遷

まずは，ヒジュラをめぐる研究の変遷と，ヒジュラへの最近の国家の対応，ヒジュラの司法的同一性の変遷についてお話しします．

英領インド期，つまりイギリスがインド亜大陸を植民地支配していたときには，両性具有や半陰陽，それから犯罪者集団という認識がヒジュラに対してなされていました．官吏の書簡や紀行文，1871年に制定された「犯罪トライブ法」において，こうした認識がみられます．その法律の第二条に「ユーナック（eunuch）」，日本語訳では去勢者，宦官と訳される英語が使われています．この人たちが，許可なく女装して公共領域に出ると逮捕するとこの法律で定められます．このよう

写真1　バフチャラ本寺院におけるヒジュラによる恩寵の授与
1998年インド・グジャラート州にて筆者撮影

に，英領インドの支配者たちは，いわばオリエンタリズムのまなざしでヒジュラたちを見ていたということが，指摘できます．

　分離独立後，1947年以後ですが，フィールドワーク調査がインドで行われて，さまざまな解釈がなされます．制度化された同性愛集団，両性具有者，同性愛者，儀礼における踊り手，異性装者（トランスヴェスタイト（Transvestite）），男娼集団，などといった説明がなされていました．こうして，単に両性具有や半陰陽ということだけではなく，集団化している，儀礼における踊り手であるといった社会的側面にも焦点が当てられるようになります．

　先にも述べましたが，1990年，アメリカの人類学者セレナ・ナンダにより，『NEITHER MAN NOR WOMAN』，つまり『男でも女でもない』，インドのヒジュラについての民族誌が出版されました．ナンダは，それまでのさまざまな研究を踏まえて，インドのヒジュラというのは，第三のジェンダーである，ヒンドゥー神話を踏襲している，また禁欲生活を送る苦行者・現世放棄者である，という解釈を示しました．

　ヒジュラというのは非生殖です．月経もない．去勢を受けてセクシュアリティを放棄している．そうであるがゆえに，「第三のジェンダー」であるとナンダは言っています．また，次のようにヒンドゥー神話と結びつけます．アルダーナースワリという神は，シヴァ神とその后のパールヴァティーが半分半分の神，つまり，半分が男性で半分が女性です．シカンディは，性別が変わる神です．ヒジュラをこういった神々が登場するヒンドゥー神話に結び付けます．オリエンタリズ

ムのまなざしに映っていた両性具有や奇異な存在とは異なる，新しいヒジュラ像を描きます．それから，去勢を受けてセクシュアリティを放棄しているとの視点から，禁欲生活を送る苦行者，タパスヤ（tapasya），あるいは現世放棄者であるとの解釈です[3]．そうであるがゆえに，ヒンドゥー女神バフチャラの信仰者・帰依者として，他者に多産と豊穣を祈願し，女神の恩寵を授与することが可能な存在であると，ナンダは提示しました．

　ナンダは，４人のヒジュラのライフストーリーから，師弟関係や生業，生活などを描写しました．その後，「第三のジェンダー」との考え方・解釈というのが，さまざまな芸術分野や社会に影響しました．日本も，1990年にはまだLGBTという言葉が出ていませんでしたが，トランスジェンダーの人々やトランスヴェスタイトや半陰陽の人たちの支援団体によって，「ヒジュラニッポン」という言葉が使われたりしました．ジェンダー研究がかなり盛んであった時期でもあり，主に先進国と学術分野において，セレナ・ナンダの民族誌は大きな影響，インパクトを残すことになります．

　その後，ナンダへの批判も起こります．たとえば，インドの神話に依拠してしまって，歴史性・地域性を看過している，第三のジェンダーというのはいったい何だというような批判がなされていきます．

　ナンダの研究と前後して，ヒジュラ研究は多様化していきます．歴史研究としては，かつては在地権力によるヒジュラの庇護があり特権が与えられていたが，19世紀英領インド期に次第にそれが剥奪されていったと指摘をした，ローレンス・プレストンの論文が挙げられます．また，社会福祉の観点からヒジュラを調査して，劣悪な生活環境にあるのでマイノリティとして福祉の対象にすべきであると指摘した，ヴィヤスの研究などがあります[4]．

　21世紀に入って，ヒンドゥー女神を信仰するムスリムの集団としてのヒジュラという観点からの人類学の研究（Reddy 2005），英領インド期における「犯罪トライブ法」とヒジュラの関係性を，フーコー（Michel Foucault）のセクシュアリティから解釈をした研究（Gannon 2009）などが出てきます．また，國弘暁子（2009）による，歴史性，地域性を考慮した，ヒンドゥー女神帰依者としてのヒジュラの研究も挙げられます[5]．

　ところで，インドでも，1980年代から拡大したパンデミック，HIVの爆発的な感染拡大が起こりました．そのあとに，のちにLGBTQやLGBTQIAなどの名称で表される性の多様性をめぐる運動が勃興します．紆余曲折はありますが，ヒジュラは，そうした運動とのつながりを持っていきます．運動の中で，ヒジュラ

は虐げられた民，性的少数者と位置付けられてきました．なぜなら，インドには「ソドミー法」（刑法377条）があるからです．同法の対象はあくまで同性同士の性行為がメインであり，つまりセクシュアリティです．しかし，その対象にはヒジュラも含まれており，同法の下において，ヒジュラは市民以下の存在，生きているだけで犯罪者であるとみなされた面もあります．

　こうした背景のなか，虐げられた民救済のための NGO による報告や，公衆衛生などさまざまな観点からの研究がなされました．ヒジュラたち当事者が自伝を書くということ，自分たちが自分たちの物語を紡いでいくということも2010年代辺りからなされてきます．

＊国家の対応

　さて，ヒジュラをめぐる国家の対応です．ヒジュラは国家によって MSM（Men who have sex with men），つまり男性間性交渉者というカテゴリーに入れられます．これは先ほど述べた，エイズのパンデミックが大きく影響しています．1992年，保健・家族福祉省において国家エイズ管理機構が設立されます．National AIDS Control Organization，略称「ナコ NACO」といいますが，全国の州・連邦直轄地にエイズ管理機構・協会が設立されて，ヒジュラは感染症防止策の対象となり，MSM であり，そのサブカテゴリーのトランスジェンダーの人の中に埋め込まれていきます．感染の高リスク集団として，targeted Interventions，つまり対象を絞った介入戦略の的となり，社会福祉，公衆衛生からの研究もなされていきます．

　また「第三のジェンダー」というのが，パスポート，州の議会選挙，日本の衆議院にあたる連邦下院総選挙などの際に，国家の性別カテゴリーとして新たに選択可能となりました．そのうえ，いくつかの州政府内にトランスジェンダーの人々に関する委員会が設置されていき，近年はヒジュラをめぐる状況はかなり変わっています．

　MSM とは何か．Men who have sex with men の略語で，男性間性交渉者と訳せます．この言葉は包括的用語で，嗜好（preference）や習慣で男性と性交渉を持つ男性すべてを意味するために使われます．彼らの性的アイデンティティあるいは性的指向，ならびに女性と性交渉するかしないかは問われません．こういったことを，先ほど述べた国家エイズ管理機構が定義しています[6]．

　同時期に，ヒジュラの活動家が自分たちを表現するカテゴリーとして，MSM

や「コティ」（カルナータカ州の言葉で猿という意味）を使って，活動を組織化していきます．エイズ・パンデミックを蒙っている国家と協働して，NGO は公衆衛生対策に取り組んでいきます．2017年の公的統計によると，HIV の感染者は全人口比で0.26パーセントだが，MSM は4.3パーセント，トランスジェンダーの人々は7.2パーセント，セックスワーカーが2.2パーセントです[7]．これらのカテゴリーで，感染率が高いということを示しています．こうしたことから，ヒジュラはいまだに高リスク集団として公衆衛生政策の対象となっています．

　MSM は，2007年には，ヒジュラ，コティ，ダブルデッカー，パンティ，と下位分類がなされました．国家は，「第三のジェンダー」，明確な社会・宗教・文化的集団をなす人々として，去勢を受けた男性，去勢を受けていない男性，半陰陽の人，祝福を与える人，物乞い集団，セックスワーク集団と，かなり幅広い人々をヒジュラとしたのです．

　MSM のサブカテゴリーのうち，コティは，女性的・受動的な性交渉をする男性であるとされていますが，受動性は状況的に変わります．ダブルデッカーは，挿入も被挿入も両方する人です．パンティとは，男性との性交渉の際，挿入する男性であり，ヒジュラのパートナーとも言われています．ヒジュラを含めこれらの人たちが MSM として，国家の公衆衛生政策の対象となってきました．

　ハムサファール・トラストという，LGBTQ の先駆的 NGO がムンバイにあり，インドの MSM のフォーク・カテゴリーの整理と職業特性を図解しています[8]．ヒジュラは，アクワ・ヒジュラ（まだ去勢を受けていないヒジュラ）とニルヴァン・ヒジュラ（去勢をしたヒジュラ）からなりますが，これらをトランスジェンダーの人々と分類しています．ジョグタというフォークタームで示される人々も同様だとしています．バンド，マウシー，カダーコティは，バイセクシュアルとしています．いわゆるフォークタームではなく，ゲイという語で自己同定している人たちもいます．コティ，パンティ，ゲイは同性愛者であるとしています．職業としては，男娼，ジムやホテルのボーイ，バーの踊り子，タクシーやトラックの運転手，移住未婚労働者，映画エキストラ等を挙げています．

　このように NGO や国家が生活調査をして，調査対象となった人たちの行動変容をもたらすように政策・活動を展開していきました．調査とそれに基づく政策は現在も続いています．

＊司法的位置づけの変遷

　続いて，司法的同一性の変遷です．性をめぐる近年の最高裁の判決として，さしあたって2014年と2017年，2018年の３つを挙げます．まず，2014年，最高裁でナルサ（National Legal Services Authority）判決が出ました．トランスジェンダーの人々の基本的人権を保障しなさいという判決を，最高裁が出したのです．この判決では，「性同一性は個人の同一性の重要な側面」であると述べられています．
　インドは，アメリカと同じですが，憲法にプライバシーのことは明記されていません．しかし，2017年には，プライバシーの権利を保障せよ，という画期的な判決を下します．性同一性は個人の同一性の重要な側面であり，話法，癖，行動，表現，衣服などで自己同一化したジェンダーを表現する権利がトランスジェンダーの人々にはあると，プライバシーの権利保障判決の中で述べられています．本裁判は，性同一性についての直接的な争いではないですが，プライバシーとは何かというときに，性同一性もそうですよと，好きなジェンダーを表現していいですよ，という答えを最高裁が出したのです．
　そのうえ，インドには，「ソドミー法」と呼ばれているインド刑法377条，これは自然に摂理に反する性行為を禁止する法律で，おもに同性同士の性交を禁ずる法律があります．2018年，この法律を縮小解釈する最高裁判決が出ました．要するに，同意に基づく成人二者間の性行為に関しては，アナルセックスをしようが何をしようが司法は関与しないと言ったのです．
　もう少し詳しく見ると，この最高裁の判決において，刑法377条，つまり「ソドミー法」というセクシュアリティに関する法律によって，トランスジェンダーの人々や同／両性愛の人たちも差別，偏見，あるいは公権力の暴力にさらされていると指摘されたのです．そのために，LGBTの権利は，憲法の理念による「現実の」権利であるとして，トランスジェンダーの人たちにも，「話法，癖，行動，表現，衣服などで自己同一化したジェンダーを表現する権利」を保障せよという，2017年のプライバシーの保護判決に加えて，この「ソドミー法」の違法性を指摘した判決でも，トランスジェンダーの人々の権利について保障をしています．
　以上が，最近のヒジュラを取り巻く国家の対応と司法の判決の変遷になります．ほかに同じ年に，トランスジェンダー・パーソンズ法が国会を通りましたが，それはまた別の機会にお話できればと思います．

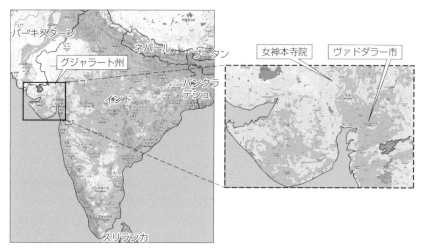

図1　調査地：グジャラート州ならびにヴァドダラー市と女神本寺院
google map をもとに作成

＊調査地概要

　上述してきたような状況の中，現在のヒジュラというのは，どのようなパフォーマンスを行っているかというのが，この発表での中心的なトピックになります．図1の通り，わたしの調査地であるグジャラート州は，インドの北西部，パーキスターンの隣になります．右側の地図はグジャラート州内の詳細な地図ですが，ヴァドダラー市という街が調査地です．バフチャラという女神の本寺院は，ここで示している辺りで，ヴァドダラー市から100キロ以上離れています．

　調査地のヴァドダラー市は，人口166万人です．2011年のデータですから少し古いですが，州内での人口規模は3番目の大きさで，インド全体で見ると20番目です．バローダ藩王国という，王様が支配していた国・地域です．学術文芸都市として，インド近代絵画の父，ラージャー・ラヴィ＝ヴァルマー（Raja Ravi Varma）を招聘したり，B.R. アンベードカルの留学支援をしたり，インド初の義務教育を行ったりしたなどというところが特徴になります．分離独立後は，国内最大級の精油所を持つ，石油産業を中心とした学術文芸都市で，大学，空軍の基地などもあります．

インドにはヒンドゥー教とナショナリズムを結び付けたヒンドゥー・ナショナリズムという動きがあって，極端な話では，ヒンドゥー教徒以外は国から出ていけというような，かなり過激な主張をしていますが，そのヒンドゥー・ナショナリズムが非常に強い都市でもあります．同一国家内で同一宗教の人が排他的集団を作って争う状況を，おもにコミュナル問題といいますが，毎年，ガネーシャというヒンドゥーの神様の誕生祭には，ヒンドゥー教徒とムスリムがお互いに暴動を起こす，あるいは襲撃を起こすといったことがあります．

　バローダ藩王国というのは，数ある藩王国の中でもトップグループに位置します．ナレンドラ・モディー（Narendra Damodardas Modi）という現在のインドの首相は，2014年にこの街とヴァーラナシーから連邦下院総選挙に出馬・当選し，首相となりました．

＊ヒジュラの紐帯──師弟関係，擬制的親族関係，共同体──

　次に，現地で，そもそも親族的なつながりがないヒジュラの人たちがどういうふうに社会的紐帯を作っているか，どのように共同体を作っているのかをお話しします．

　ヒジュラというのは，辞書によると，グジャラーティー語で，「性なし・中性（napunsak）」，性的不能者，英語ではユーナック（eunuch）を意味するとあります．napunsak という語はたまに非ヒジュラの男性が，「自分は napunsak だから」と自分を卑下したり，「napunsak！」と言って，他人を罵倒したりするときに使うこともあります．また，"vyandal（ヴィヤンダル）" という言葉が，ヒジュラたちの自称として，あるいはマスメディアにより使われており，「玉なし」という意味です．

　共同体は，2018年の段階では，25軒，約70人からなります．その後も調査をしましたが，いささか少なくなっています．師弟としてヒジュラ数人が一家屋に居住しています．ヒンドゥー教，イスラーム出身のヒジュラが混在しています．生きているときは禁欲生活を送り，死ぬとサマディーとして土葬されます．サマディーは三昧のことでもあり，解脱を成した人の埋葬方法・墓地でもあり，さらに死後はイスラームの教えにのっとると本人たちは言っています．

　冒頭で述べましたように，ヒジュラは慶事の時にパフォーマンスをし，女神の恩寵を授与する，ヒンドゥー女神バフチャラの信仰者・帰依者でもあります．ヒンドゥー女神バフチャラについては，さまざまなことが語られています．盗賊に

襲われて自決した三姉妹の縁起や，バフチャラ寺院の近くの池で女性が沐浴したら男性に変わったという話もありまして，ヒンドゥー女神の中で性を変えることができるということが，ヒジュラたちがバフチャラ女神を信仰している理由でもあります．一般の人ももちろん信仰しています．子どもを授かりたい人たちがその本寺院に参詣して祈願するということもあります．多くの一般の人々が，ヴァドダラー市から100 km以上離れたグジャラート州北部にあるバフチャラ女神の本寺院に参詣しています．

　調査地であるヴァドダラー市においては，主に十代の少年がヒジュラにアプローチし，特定の年長ヒジュラを師匠（グル）として，新たな名前と服を授かり，弟子（チェラー）となります．やがて身体技法を獲得し，去勢儀礼を経て，ヒジュラになります．去勢を含むニルヴァンという儀礼を経て，共同体の一員となります．ごくまれに去勢儀礼を受けていない人もいます．去勢儀礼の後に，ジャルマンというお披露目の儀礼が行われ，新規加入する人は，新婦と同じような格好をして，ヒジュラとなります．ヒンドゥー教の既婚女性は，マンガルスートラという首飾りをしますが，ヒジュラたちもしています．ビンディという額にバーミリオン（朱色）のドットをしたり，腕輪をしたりしています．ヒジュラは，ヒンドゥー教徒の既婚女性の装いをしています．自分の名前とグルの名前を明記した入れ墨をしている人もいます．

　師匠から与えられるヒジュラの名前として女性の名が付き，この女性名にクンヴァルというアータック，いわば，日本の姓がつきます．さらに言うと，この本人の女性名・クンヴァル＋師匠の女性名・クンヴァルが正式の姓名になります．例えば，本人の名がリラで，師匠がラクシュミーだと，リラ・クンヴァル・ラクシュミー・クンヴァルというのが正式な名称になります．クンヴァルは王子という意味です．名前は王権への関与を示唆しています．このようにクンヴァルを付加された名前は，1930年代の土地権利書にも，19世紀の書類にも明記されています．近所の人たちからは，おばさん（マーシー），お姉さん（ベヘン）とも呼ばれています．

　師匠と弟子は，同居している場合が多いです．師匠は，指導や道徳的な責任を担います．弟子たちは，主に家事や奉仕などを行います．また，弟子たちは，外で祝福儀礼の仕事をしてお金を稼いでいます．ヒジュラは女神の帰依者として，一応禁欲を守り，朝も夜も早い生活をしています．

　25軒ほどの家は，街のある一地区にあり，一般の人々が隣りに住んでいる中，ヒジュラたちは独自の「法」を以って共同体を形成し，集住しています．その「法」は，例えばオートバイに乗ったり，師匠の許可なく他の人の家に泊まった

り，売春をしたりすること等を禁じています．「法」を犯すと，共同体に罰金を払わなければいけません．罰金を払うのは，本人ではなく師匠です．

約70名の人たちからなる共同体（サマージ）には，上部協議機関であるパーンチがあります．パーンチというのは5という意味です．実際には5人ではありませんが，みんなが参加して議論し，年長者たちにより結論が下されるとの機能も併せ持ちます．

また集住地内に寺院を持っています．バフチャラ女神を中心に，アンベー女神とラームデーブピールが祀られています．ラームデーブピールは聖者であり神でもあります．この寺院には，共同体の成員の祖先神を次第に追加していきます．共同体のトップの人が信仰する神様や，成員ヒジュラの信仰する神様を祀り，神様を追加していきます．

次に名称に関してです．自分の師のことをグル（師）様のほか，お母さんと呼ぶ場合もあります．師弟関係が親族関係に準えられています．グル（師匠）には通常複数の弟子（チェラー）がいます．その弟子が弟子を取ると，師匠から見ると孫（ポトラ）になります．同時に，師匠と弟子ヒジュラの関係は夫婦関係であるとも捉えられています．師匠が夫で，弟子が妻です．同じ師匠を持つ人たちはグルバーイーであると言われます．バーイーは「兄弟」，英語でいう brother という意味です．同じヒジュラを師匠とするヒジュラの人たちは，共妻であると同時に「兄弟」でもあることになり，他方，師匠は妻がたくさんいるということになります．このように，一般社会の親族名称を使って自分たちの関係性を表現しているのが，ヒジュラの特徴になります．弟子がその弟子を取って，その弟子がまた弟子を取っていって，連綿と家系が続いていくということになります．

すなわち，師弟関係や疑似的親族関係，同じクンヴァルとのいわば姓の名前を持って，女神の信徒として禁欲的な規範を守って，ヒンドゥー教徒と，少ないですが，ムスリムが同居しているというのが，ヒジュラの共同体です．ここから他の地域のヒジュラやその共同体（サマージ）と，さまざまな交流を果たしていくということになります．

＊生業とパフォーマンス

ヒジュラたちは，いったい何をしているか，どうやって糧を得ているか．ヒジュラは婚儀や男児誕生においてパフォーマンスを遂行して，バフチャラ女神の恩寵を女神の代理として授与しています．女神の恩寵は，さまざまありますが，

そのうちの一つにプルシャトヴァといわれる恩寵があり，これは男性性のことです．共同体により取り決められた，おのおの家や家系ごとの市内の担当地域があります．パフォーマンスの他に，建物，部屋，土地の賃貸などの収入があります．

　ヒジュラたちは，こう言っています．「かつて，藩王のマハーラージャの庇護の下，布施回りや恩寵授与パフォーマンスを行い，その対価を得る権利を所有していた．」そのため自分たちの共同体やそれと関連のある地でヒジュラとなった，師弟関係があるヒジュラ以外は仕事の権利がないとして，「偽者」を排除します．「偽者とは一緒に座らない，水ももらわない，われわれは伝統的だ」と言っています．街には，共同体のヒジュラからすると，仕事の権利がなく集住しない，いわゆる偽者とみなされるヒジュラも多くいます．

　共同体の全成員は，19世紀あたりに生きていたと考えられている3人の祖母のヒジュラ，ここで祖母というのは，あくまで昔の人という意味ですが，この3人の系統のいずれかに属します．「以前は，王に下賜された建物内に他のパフォーマンス・カーストと同居していたが，そこを裁判所にするために，百年以上前に勅令により現在の地に居住した」とヒジュラ自身が言っています．生業の独占権と王権に護られた共同体の歴史を，この人たちは共有しています．

　どのような仕事をしているのかというと，おもに三つです．ヴァダーイー（ヴァダーマニー），マングー，村落回りです．

　ヴァダーイーというのは，1904年の『グジャラーティー語英語辞書 Gujarati English dictionary』では，「おめでとう（congratulations），よき知らせ，よき知らせをもたらした者への贈り物」とあります．1920年の Stevenson の記述によると，男の子の誕生は，よき知らせのことである．子どもが生まれると，助産師が真鍮盤を小槌でたたき騒ぎを起こす[9]．これは女の子の場合は行わない．ここにはヒジュラは出てきません．その後，1960年代に隣の県のアーナンダの村落調査を行った Pocock の民族誌には，ほんの少しだけヒジュラが出てきます．女性が里帰りをして実家で出産した場合，床屋により男児の最初の足型が取られて，かつてはヒジュラがそれを婚家へと届けて報酬を得ていたという記述があります[10]．

　現在ヒジュラは，三つの機会に儀礼によってヴァダーイーを行います．子どもの誕生，婚礼，落成式（ワストゥープージャー）という吉兆行事においてヴァダーイーを行います．対価は，ヴァダーイーやダーン（贈り物）と呼ばれています．

　もう一つはマングーです．これは，布施・喜捨（バクシーシ）回りです．ディーワーリーというヒンドゥー教の正月がありますが，そのディーワーリー前に商店や病院を回って女神の恩寵を授与してお金をもらう，いわば獅子舞の門付

のような慣習です．対価・報酬はダープンといいます．ダープンというのは，1904年の辞書では，婚礼時のバラモンへの「現金の贈り物」，「主張」や「権利」と記されています．また，ディーワーリーが終わる頃に，インドのこのあたりでは収穫が終わります．

　バフチャラ女神はさまざまな恩寵を人々に授与しますが，以前本寺院を訪れた際，とりわけプルシャトヴァという男性性を授与する，と祭司から聞いたことがあります．もちろん恩寵は多種多様でありますが，プルシャトヴァが与えられるがゆえに，子どもを授かることができると考えられています．ヒジュラたちは，バフチャラ女神の化身が自分たちだとも主張しています．あるいはバフチャラ女神の子どもとして，その名の下に，婚儀や子ども誕生において女神の恩寵授与が可能であると言います．

　パフォーマンスは歌と踊りです．子どもの誕生のときは，例えばヴァダーマナー（最初の歌），子守歌，クリシュナ讃歌などを唄います．楽器はマンジーラという，小さいシンバルです．また，カルタールというカスタネットが用いられることもあります．基本的には年長者の師匠が座って歌い，弟子が踊り唄い，輪唱などもします．そして，女神の恩寵・プルシャトヴァを与えます．

　歌詞の内容は，概ね，次の通りでした．「子どもがいない家には行ってはいけないよ，子どもがいない家はすごく暗くて，子どものいない人の隣に座っては駄目だ．子なしというのはひどい家だよ．だけど，いろいろなことをして子どもがようやく生まれた．神様に祈りなさい．沐浴しなさい，ヤシの実を食べなさい．」

　ヒジュラのヴァダーイーについて，表1で説明します．表の上部は2005年に，スラム街でヴァダーイーを行ったときのものです．子どもたちは，2ヶ月目，4ヶ月目，6ヶ月目でした．アガルワルというジャーティに属する依頼者は，その子どもの父親同士が兄弟です．報酬は現金で300ルピーや1000ルピーです．スラム街ということもあって対価が少ないです．表の下部が，2018年の調査に基づく内容で，市近郊の事例です．ここでは，1万1000ルピー，5000ルピー，2万5000ルピー，1万1000ルピーです．括弧は，参加したヒジュラの人数です．歌詞の言語は，Gはグジャラーティー語，Hはヒンディー語です．ヒジュラは相手によって，歌の言語を柔軟に変えていきます．

　ある事例を紹介します．ヴァドダラー北部の集落を，ヒジュラ6人が2018年12月に訪れました．60代〜20代のヒジュラたちです．その集落のある家に男の子が生まれて4ヶ月目のことでした．贈与は1万1000ルピーでした．朝8時10分に到着して，家の人に訪問を告げました．玄関前に車座になって，赤子を家から出し

表1　ヒジュラのヴァダーイー

2005年スラム	客のジャーティ・宗教	現金(₹)	物　品	曲数	言語	子ども
1 (4)	パテル	351	ダール1kg, 米1kg, 砂糖, サリー	?曲	G	4か月
2 (12)	シク教徒　2人 (商店経営)	1,001	ダール, 米, サリー2枚, 菓子, 砂糖	6曲	H	2か月
3 (12)	アガルワル　2人	301	ダール, 米, サリー, 菓子, 食器	5曲	H	4か月 6か月

2018年都市部	客のジャーティ	現金(₹)	物　品	曲数	言語	子ども
1 (6)	パテル	11,000	ダール1kg, 米1kg, 砂糖, サリー, 小麦	3曲	G	4か月
2	マクワーナー	5,000	ダール, 米1kg, サリー, 小麦	3曲	G	3か月
3	パールマール	25,000	ダール, 米, 砂糖	6曲	G	7か月
4	スタール	11,000	ダール, 米, 砂糖, 小麦	4曲	G	2か月

※(　) ヒジュラの参加人数・2018年はすべて6名　※G：グジャラーティー語　H：ヒンディー語

てもらいヒジュラが抱いて踊ります．歌はヴァダーマナー1曲と子守歌2曲で，10分程度で終わりました．長寿，無病息災などを祈願して，男の子に女神の恩寵を授与しました．20代のヒジュラが家に入り，贈り物を受け取りました．

　通常10分か15分ぐらいでパフォーマンスは終わります．その後に金銭交渉に入ります．表にはありませんが，2002年の村落回りをしていたときの事例では，パフォーマンスは披露せずに，家を訪れて，女神の恩寵を与えてお金をもらっていくということをしました．一軒目は指定トライブの家で，息子夫婦の母親が対応したのですが，蓄えがなくて50ルピーぐらいしか払えず，泣き始めていました．二軒目の家では，以前ヒジュラが来て恩寵を授与されるも子宝に恵まれなかったこともあり，ヒジュラは金銭を要求しませんでした．三軒目では，金銭は払ってくれませんでしたが，息子が仕事に就けるよう祈願する，などということもしていました．このように，必ずしもお金を取るというわけではないのです．

　また，子どもの誕生後の儀礼パフォーマンスの金銭交渉において，客とヒジュラとの口論がしばしば起こります．バフチャラ女神の恩寵の他に，メルディー女神の呪いがあると客を脅すヒジュラもいます．メルディー女神は，ヒンドゥー女神の中では特異な女神と言えます．メルディー女神は，ウシの尻に逃げ込んだラ

クシャという悪魔を退治するために，女神たちの垢を集めてつくられた女神で，お酒も呑みます．ヒジュラは，「メルディー女神の呪いがあるぞ」と言って脅して，お金を多めに取るということもします．このように，バフチャラ女神のみならず，他の神も利用します．

　対価については交渉が行われます．例えば，最初，依頼者は2500ルピー払ったけれども，ヒジュラは5000ルピーほど要求して，最後は3000ルピーに落ち着いたという場合がありました．インドでは通常の売買で値段交渉がありますので，ヒジュラが与える恩寵に関しても，望む数値を目指して両者が交渉していきます．

　それでは，ヒジュラはなぜ恩寵を授与できるのでしょうか．恩寵を受ける人たちは，ヒジュラが来るのは吉兆であり，ヒジュラが女神の恩寵を与えることができるため，自分たちはヒジュラを招待したと言うことがあります．恩寵を与えてくれる，とりわけ健康についての恩寵を与えてくれる，ということです．たとえば，女神本寺院にて，「ヒジュラからプルシャトヴァをもらって息子を授かるためにやってきました」といった人たちもいました．また，ヒジュラは，女神の恩寵を，女神のシャクティという性的な力を媒介として子どもに授与すると，一般に考えられていることもあります．一方で祭司，バラモンたちは，「女神はプルシャトヴァを授ける．しかし，ヒジュラの恩寵と女神の恩寵は異なる」と言っています．

　では，ヒジュラは何と言っているか．以下のように語っていました．「ヴァダーイーをすると人々は幸福になって，それで物をもらうとわれわれも幸福である．お金をくれない場合も祝福を与える．お金をもらえないのに祝福を与えると，われわれの名誉が上がる．もしわれわれが一般の人に，さらにお金を求めると名誉がなくなる．」「駅に偽者がいるが，われわれとはウマとゾウのように違う．われわれは本物のヒジュラである．自分たちは，全人生を捧げているから，恩寵を与えることができる．祭司と同じように，われわれは恩寵授与をすることができる．女神は直接恩寵を人々に授け，われわれも同じように人々に恩寵を授ける．子どもと結婚，家族の幸福，子孫繁栄．なぜなら自分たちは，女神の化身，女神の奉仕者である．子どもが生まれるようにプルシャトヴァを与える．」以上のように言っています．この語りから，女神への献身，人生を捧げる生活を送っているというということを対外的に強調して，自らの名誉を高めるというレトリックが見えてきます．

　また，ヒジュラと依頼者の関係は一過性ではありません．婚礼に恩寵を与えたヒジュラが，その夫婦の子どもが生まれた時にも呼ばれ，子どもの成長にも関わってきます．例えば，ナジャールドリーという魔除けの紐を，ヒジュラは，一

般の人たちに与えています．ナジャールというのは，邪視あるいは邪眼，見られた人を病気にするまなざしのことです．子どもの心身の調子がすぐれないときには邪視が疑われます．そういう場合は，たいてい子どもの両親が，子どもの誕生において恩寵を授与したヒジュラ宅を訪問して，子どもに対して，マントラを唱えてもらい，魔除けの紐を結んでもらいます．

　以上のことはしばしばみられます．出産，婚礼，ナジャールドリーなどで，どんどん家とヒジュラはつながっていくのです．両者の関係は単に一過性ではないということを，見て取ることができます．

＊おわりに

　ここでは，さしあたってのまとめとなります．ヒジュラは，言語や宗教，宗派を超えて，女神の恩寵を授与します．ただし，非ヒンドゥー教徒へのパフォーマンスはあまり多くはありません．

　去勢をし，共同生活を送り，女神の信仰者・帰依者として全人生を捧げた生活をします．それによって，プルシャトヴァという恩寵を人々に与えることができます．女神がプルシャトヴァをヒジュラに与えて，ヒジュラがプルシャトヴァを夫婦や子どもへと授けます．

　ヒジュラは客との交渉において，バフチャラだけではなく，他の女神を戦術的に用いています．有力成員の祖先神や信仰神を寺院に祀ることによって，ヒンドゥー教の信者として，帰依者としての地位を上げていきます．神が増殖するとも言えます．ヒジュラと一般の人々，とりわけパフォーマンスの依頼者たちは，婚礼・出産・子どもの健康祈願・新居建設などを通じて継続的に関わることによって，時代と空間を超えて，関係を構築・維持・発展しているのです．

質疑応答

参加者：青木惠理子・舟橋健太・松本拓・山田創平

＊性的不寛容と寛容

山田　イスラームの話が出てきましたが，イスラームは他の地域を見ると，比較

的，同性愛などに対して厳しい戒律があると思いますが，今日のお話の文脈だとどうなんでしょうか．

山崎 同性愛に関しては，以前，全インド・ムスリム身分法委員会が，同性愛は悪だという見解を出しています．しかし，隣国パーキスターンは，トランスジェンダーの人々を容認しているんです．インドも，トランスジェンダーの人々と同性愛は違うという考え方が，活動家や一部の研究者でありますので，トランスジェンダー＝ホモセクシュアル，セイムセクシュアルではないんです．そうであるがゆえに，イスラーム教徒の人たちから何か非難されるということは公には聞こえてきません．

舟橋 パーキスターンもヒジュラの人たちがおられますね．もちろんヒンドゥー女神の恩寵ということはありますが，南アジア的というような文脈もあるのかなと思いました．

山崎 研究対象である共同体に関して，100年〜150年前のヒジュラの名前を見ていると，これはムスリムの名前ではないかなということがありますので，逆に，今日では，ヒンドゥー教であるということを強調しているとも考えられます．

松本 日本においては，性の考え方，庶民の性のあり方に，少なからず近代化の影響があったと思うのですが，インドの場合は，近代化による，性に対しての考え方の庶民のレベルでの影響というものはあったのでしょうか．

山崎 近代の影響という観点からは，植民地において，「犯罪トライブ法」という政策がとられていました．要は，インドには犯罪を生業とする集団，カーストがいて，その人たちに対して職業訓練をして，まともな職に就くように働きかけたのが同法でした．ヒジュラに関していえば，誘拐する人／集団との汚名もありまして，女装して公共領域に出ると逮捕されるというようなことから，男か女かよく分からない人たちというのを，きっちりとした男性の服装にしなさいと変えていったことが，ヒジュラに対して同法の中でいわれたことでした．つまり，そういった，女装という，ジェンダーを超越してしまうような格好はダメだと，イギリスが求めていた，と考えることができます．

松本 そうすると近代化以前のインドでは，男でも女でもないという性のあり方は，一般的に受け入れられた，ということでしょうか．

山崎 インドの男でも女でもない人々の歴史に関しては，宦官が王に寵愛されて国の実権を握ったといった話もあります．それから『マヌ法典』に去勢者のことについて書かれていたり，『カーマ・スートラ』という性愛の書にも，去勢者がどのように性愛を，要するに性交渉をするかということも考えられていたという

こともあります．ですが，去勢者というのは，『マヌ法典』によるとかなり下の方の存在ですね．低カーストの存在だとも捉えられていました．

　トランスフォビアという考え方というのが，今は多くあるのではないかと言われていますが，一方で，かつては豊かな性があったということは活動家たちも主張しています．同性間の性行為は，歴史を通じてずっと昔からあったということです．

＊ヒジュラになる，トランスジェンダーとして生きる

青木　カースト間の関係というもの，ジャーティ間の関係というのは，境界が厳しかったりすると思うのですが，そういった境界は，ヒジュラの間ではまったくなくなるということでしょうか．

山崎　一応，本人たちは，サナータナー・ダルマ，つまり「永遠の法」であり，ヒンドゥーのみならずムスリムもほかの宗教宗派もカーストも，何でも受け入れるとしています．ヒンドゥー教徒もムスリムも問題ないと言っています．ですが，低カーストは受け入れません．

青木　男性性が非常に高く置かれているインド社会の中で，自ら望んで10代のときにヒジュラになると，こういうふうにして，ある種の降格をするということと，それにもかかわらずダリト（低カースト）を受け入れないということは，どういうふうに理解したらよいのでしょうか．

山崎　カーストではおそらく区切れないことだと思います．男性として生まれてきて，物心ついたら男性として周りから取り扱われているけれども，何か違和感を覚える人というのは，世の中には少なからずやいると思います．そのときに，周りにヒジュラがいれば，自分はこの人たちだなということで，先にヒジュラがいて，これなんじゃないかということからアプローチする場合が多いです．

青木　一種の受容機関として，ヒジュラ集団というのは，社会の中にある一定の位置を占めているということですか．

山崎　そう考えていいと思います．あと，子どもが誕生したときに来るという話をしましたが，子どもの身体チェックを，ヒジュラはある程度します．どちらか分からないという場合もあります．そうした子に対しては，親も含めてリクルート活動もしています．どちらか分からないという場合は，真性ヒジュラと呼ばれていまして，地位というのか，ヒジュラ同士の間での捉えられ方が違ってきます．より高く捉えられる場合もあれば，低くみられている場合もあり，個人への評価

もありますから，一概には言えません．

　去勢を受けなくてもいいという場合もありますが，去勢では両方取ります．最近は病院で行うことが多いようです．いわゆる助産師といわれているヒジュラが，おそらく薬などを使って，麻痺させて切除します．成功するときも，うまくいかない場合もありますので，ここ十年以上は，病院で秘密裏に切ってもらうということのようです．

舟橋　先ほどご説明があったように，出自もムスリムである可能性があるなど，曖昧な感じがしますが，恩寵としてはヒンドゥーの女神だということをいいつつ，しかし土葬にするなど，境界性をあえて維持しているようなところというのは，何かメリットというものがあるのでしょうか．

山崎　土葬は，要するに，聖人のサマディーという三昧です．「私たちはサント（Sant），聖人ですよ」，ということを示しています．ただ，ヒジュラの土葬や売春など，ヒジュラの生活を詳しく知っている人は少なく，かなり身近な人でも分からないです．多くの人たちにとっては，ヒジュラというのはなにかよく分からない存在です．ユビキタスな存在ですね．どこにでもいるけれども，何をしているかよく分からない存在です．とくに，中間層や，上位層の人たちにとっては，鉄道や駅で突然現れるけれども，何をしているかよく分からない人たちという存在です．

舟橋　より上層や中層の人たちは，ヒジュラの恩寵は受けないということでしょうか．

山崎　いや，受けます．恩寵を受けるだけであれば，どんな生活をしているか分からないですから．要するに，ヒジュラの生活というのが見えないのです．

山田　現代的な文脈で考えると，トランスジェンダーの方というのは，誰かに言われてや誘われてということではなくて，自ら望んでトランスジェンダーという自認を得ていくと思うのですが，ヒジュラの場合は，どうなのでしょうか．皆さん強く望んで弟子になっていくのか，あるいは自分では性自認の揺らぎはないけれども，誰かに言われてそういうふうになるということもあるのでしょうか．

山崎　私が話を聞いたのは，男の子であることへの違和感で，ヒジュラが周りにいたからヒジュラになったという話です．もっと対外的にいうと，女神のお告げが下ったからという正当性を付与しています．夢に出てきてなどという，そういう正当性を付与していますが，それは表向きで，実際にはやはりズボンをはくことへの違和感であったり，学校に行くと男の子と女の子が分かれますので，そこで違和感を抱いたり，などという話です．男の子と遊ぶより女の子と遊ぶ方が楽

しい，であるなど，まずヒジュラが先にあるということではなくて，気付いたら周りにヒジュラがいますので，自分の違和感を解消するにはヒジュラになればいいのではないか，ということです．多くの人たちは，去勢をすることも知りません．具体的に，10代ぐらいのあまり知識がないときに，ヒジュラにアプローチしていって，というかたちです．グジャラート州北部におけるヒジュラの民族誌を記した國弘さんは，去勢をしてしまうことは非可逆的だと述べています．不退転の決意でのぞむしかないということでもあります．去勢を受けてヒジュラになれば，次に何かになるというのが非常に難しいですから．

山田　日本だと，あるいは欧米的な文脈だと，トランスジェンダーの場合は，性別適合手術の後にホルモンで治療するというようなことが起こってくるのですが，性別の変え方に関しては，宦官的な手術が伝統的に行われてきて，それが最近，ホルモンを使ったりしているといったような変化はないですか．

山崎　以前から，胸にシリコーンを入れたり，女性ホルモンを投与，ということもあります．身体としての変化ですね．選択肢については，昔はヒジュラしかありませんでしたが，トランスジェンダーの人という新しいカテゴリー，つまり，近代的・欧米的な，という人たちも増えてきています．伝統的な去勢を受けて師弟関係を構築してヒジュラに，というかたちではないトランスジェンダーの人たちですね．あるいは，昔はヒジュラの共同体にいたけれども，そこを飛び出して，今は NGO で女性として働いているという人たちも，この街の中にはいます．そういった意味合いで，LGBTQ 運動のもたらした大きな変化というものは，ヒジュラ社会にも当然ながら到達はしています．

松本　ヒジュラの人が両義性，男性，女性の両方の中間にいて，という話があったと思うんですが，男性の側面をアピールすることはあるのでしょうか．

山崎　アグレッシブな「手たたき」は割合多くやっています．何か街でひどいことをされる，さげすまされるときなど，唯一の武器といえるかもしれません．

松本　本人たちは，女性の方に憧れが強いのでしょうか．

山崎　女性になりたいという人ももちろんいますし，ヒジュラになりたいんだという人もいます．今日的状況をみると，病院で手術をして，性適合，つまり女性へと適合する人たちも増えていっていますので，選択肢が増えたということですね．

　現地において，ゲイとカミングアウトした王子さま，つまり旧藩王国出身の男性がいるのですが，その人が主宰している LGBTQ の NGO では，性適合手術を受けて，女性へと適合する人が職員の中にも増えています．以前はいなかったん

ですが，何人か女性へと適合していく若い人たちが，実は増えているんです．時代が時代であれば，その人たちは，ヒジュラになっていたかもしれません．いま，かなりドラスティックに，インド社会の「性の多様性」に関しては，変化しています．

＊芸能，恩寵，呪い

青木　アートというか，モノをつくる，身体もモノと考えて「つくる」ということから，例えばトランスジェンダー的なビジュアルの点から，女性として振る舞う人たちは，より女性的というか，ある種の美しさのようなものを追求するということがあると思います．あるいは，ドラァグクイーン（drag queen）のようなかたちで，ビジュアルを過剰に強調するということもあると思いますが，ヒジュラの人たちの場合は，そうしたことがあまり見られないような気がするのですが，いかがでしょうか．パフォーマンスに関しても，ヒジュラのパフォーマンスというのは，洗練へとは向かっていないような気がするのですが，その点はいかがでしょうか．

山崎　ビジュアルの過剰化ですね．要するに，しなをつくるようなしゃべり方などの所作ですね．そういったこともちろんしますが，私が見る限り，実はそんなにはやっていません．立ち居振る舞いの洗練についても，ムンバイのヒジュラはもっと洗練されているという話もあります．踊りについては，いわゆる女性の踊り方はしています．ビジュアルの過剰については，基本的には，ヒンドゥー教の既婚女性の服装をしている程度です．動きについて，少ししなをつくるということもありますが，割合アグレッシブな場合が多いです．

　それから手をたたくという行為があります．「手たたき」という，それは攻撃でもあります．女性から見ると，少し怖いです．手をたたいて，「はい，はい」と大きな声を出して，というものです．女性の身体性を表象しながらも，ヒジュラ同士，あるいは一般の人との間において，交渉の場や口論の際に，攻撃的な「手たたき」をするということが，一つの特徴といえます．それは他の人はしない，ヒジュラの特徴でもあります．

　パフォーマンスに関しては，洗練されていく方に向いていかないというのは，ご指摘の通りですね．

青木　本当に簡単な比較ですが，日本の江戸時代の花魁や，韓国の妓生（キーセン）というのは，見かけにおいても非常に洗練された方向に向かって，そして性

を生業とするような，そういう方向であると同時に芸能の体現者なんですね．彼女たちは，常に，性と芸能と洗練という三つがセットになって，ずっと存在感を示し続けていたのだと思います．

ヒジュラの場合は，その存在感を，宗教，あるいは信仰，つまり吉兆であるとか，不幸であるとか，イスラームであろうとシクであろうと，インドの人たちの間で共有されているような，南アジア的な，基盤にある信仰に支えられているということが，存在感を非常に大きくしているのかなと思うんです．

ヒジュラに関して，性と芸能や芸能の洗練，見かけのビジュアルの洗練など，そういったものが結び付かないのは，おそらくそれなしでもある種の存在感があるということなのではないでしょうか．

舟橋　恩寵を受けることに関して，バラモンから受けることと，ヒジュラから受けることでは，受ける側からすれば大きく違うと思うのですが，選ぶときに目的によって変えているのか，あるいは経済的な理由から，またはバラモンに断られたことからのいわば二次的な選択肢としてヒジュラに依頼するなど，そういう選択のところはどのようになっているのでしょうか．

それと関連して，性と芸能，洗練されていくという話に関してですが，ひとつは，役割分化もあると思います．日本であれば，能は芸術の方で高まっていって，性とも切り離されました．ですがヒジュラの場合は，おそらくそれは曖昧なままずっと来ていると思うんです．あと，単純に経済的なゆとりの問題ということもあると思います．ヒジュラの人たちは，生業としてやっていますが，それはどの程度のゆとりを持ってやっているのか，経済的な側面ということもあるのかと思いました．

山崎　バラモンとヒジュラの恩寵授与の比較，受け手がどう考えているか，ですね．例えば，バフチャラ女神の本寺院は，ヒジュラも寺院の境内の中にいます．本寺院でバラモンに恩寵授与を受けて，さらにヒジュラからも受ける，という人たちがいます．より強固な恩寵をいただくという考え方ですね．

あるいは，「連続性」という言葉にヒントがあるかもしれません．結婚式にも来てもらった，子どもが誕生したときにも来てもらった，であるがゆえに，依頼する，というものです．さらに，邪視という要素も考えられると思います．ナジャール（邪視）を防ぐための何かしらの施しをしてもらったり，あるいは，調子が悪くて病院に行ったが治らないので，ヒジュラのところに来るという，文字どおりの神頼みですね．

舟橋　邪視というのが一つポイントかとも思います．吉凶の「吉」の方につなが

るものはバラモンの方に頼って,「凶」の方を防ぐ場合はヒジュラといったように, ヒジュラは境界性が特徴的ですので, この世とあの世など, そういったよく分からないようなところについては頼るといったことでしょうか.

山崎 本人たちは否定しますが, ヒジュラは呪いの力があると言われているんです. 先行研究でみられるのは, いわゆるスカート, ガーグロ(ghaaghro)を上げて股間を見せつけて,「おまえは呪われてしまえ」, あるいは「次に生まれ変わるときにはヒジュラに生まれ変わるよ」,「おまえの子どもはヒジュラに」など, そういう話もみられます.

　そう考えると, セレナ・ナンダも言っていますが, 正と負, 両方の力を持っているということもあって, それを踏まえると, 負の力, ナジャールをより強固に防いでくれるのはヒジュラの方といった解釈ができるかもしれません. 両義性があるがゆえに, 邪視も防ぐ, ということですね.

舟橋 共同研究会のテーマの社会的包摂というところから,「偽者のヒジュラ」ということがありましたが, それは非常に興味深いと思います. 偽物, 本物を強調する, オーセンティックなものと, そうじゃないものといった言い方をする時点で, ある一定のラインが引かれると思います. 本物でなければ, exclude する, というようなことです. ヒジュラの人たちの中で, 真性性の主張のようなものは, どこから来ているのでしょうか. 王権の関係でしょうか.

山崎 そうです. その王権と結びついた〈仕事〉だと, 私は考えています. あとは〈名誉〉ですね. つまり, 結婚式がありました, 子どもが生まれましたといった際に, ヒジュラが行ってお金をもらうということが一つの仕事なんです. ですが, 一般の人は, 違う人がやってきて, 自分はヒジュラだと言っても分からないんですね. つまり, その権利をめぐる争いというようなことです. 駅でひどいことをしていたり, 売春をしていたりする人たちがヒジュラだと名乗ることで, いわゆる禁欲的な生活を送って, ずっとここに住んで寄付や慈善活動などもしている自分たちの団体と一緒だと思われてしまうことは, 名誉が汚されてしまうということですね. 名誉を汚されないように, 自分たちの共同体の「法」を守る生活をしている.

　偽者の話をすると, 実は今, 偽者の数の方が多くなってしまっているという状況があります. 今回取り上げたヒジュラの共同体において, 成員の稼ぎの半分は共同財産に回すということが決まりなのですが, 何らかの理由によりこの共同体から離れたヒジュラが, 街の一角に新たに自分でゆるやかなつながりを持つ共同体をつくって, それが今は百人以上になっているんです.「偽者」は恋人と一緒

に住んでもいいし，親と一緒に住んでもいいし，グルと生活をしなくてもいい，となっています．そういう現代的な動きもあり，LGBTQ 運動による変化ともいえると思います．それは伝統的ヒジュラ社会から見ると，非常に困ったことでもあるんですね．

　なぜそうしたことが起こるかというと，ヒジュラは非常に流動的なんです．師匠と弟子がずっと一緒に生活しているということはむしろなく，すぐにいなくなっていいという社会，つまり人的流動性がきわめて高い社会です．グルとチェラーが分かれることを，離婚という表現もするぐらいです．

山田　ヒジュラが，例えば日本の中世にいた白拍子や，あるいは江戸時代にいた陰間など，女性装をした，たぶん生物学的には男性なんですが，そういう人たちと非常に近いなと思いました．芸能の門付という話も出てきましたが，芸能民が家を訪れる場合というのは，そこに病人がいたり，障害を持った人が生まれてきたり，そういう何かネガティブなことが起こったときに，そういった人がやってきて，踊りを踊ったり，祈祷したりする．その場合は，さらに下の人がその家に来ることで，何かネガティブなものが取り除かれるといったような意味合いがあるということを，網野善彦さんがおっしゃっていたと思います．

　先ほどの，バラモンとヒジュラの比較の話でいうと，ネガティブなものを取り除くという祭祀，儀礼のときにヒジュラが呼ばれて，普通の生活にプラスアルファで，何かいいことをしたいときにバラモンにお願いをするというような，そういう違いのようなものはあるのでしょうか．

山崎　ヒジュラは吉兆な存在であると考えている人もいますので，ネガティブだというのは少し難しいとは思います．ライフサイクルという言い方をしましたが，婚礼であったり，出産であったり，家が新しく建った落成式であったり，めでたいところに，吉兆なる存在（ヒジュラ）がやってくるという捉え方ですね．

　本人たちは，昔は，王に与えられた建物に住んでいたときは，話したことがすべて真実になるという考え方，要するに，あまり口を開かないけれども，話したことはすべて真実になる，正義になるという言い方をしていたそうです．住んでいたところは，「ニャー・マンディル」，つまり「正義の寺院」と呼ばれていて，その後，裁判所になったんですが，ヒジュラに関して，そういういわれもあります．

　ヒジュラのパフォーマンスは，青木先生も他の先生方もおっしゃっていたように，洗練されていないので，これを果たして「アート」と捉えられるのかどうか，ということがありますね．

青木　ですが，マックス・ウェーバー（Max Weber）も言っていたと思いますが，

宗教とアートというのは非常に近しいですね．その関係から考えていくと，ヒジュラの洗練されていかない「アート」と，宗教的な力の強さというものが，奥深く関係し，大きな意味があるかも知れないと思います．

注

1） トライブとは，ヒンドゥー教やイスラーム教，キリスト教などのいわゆる大宗教・大伝統に属さず，独自・固有の文化を持つ，いわば先住民族であり，現在，大統領令により指定された諸集団 Scheduled Tribes として留保制度の対象となっている．

2） Nanda, Serena, 1990, *Neither man nor woman: the Hijras of India,* Belmont, Calif.: Wadsworth Pub. Co.（1999『ヒジュラ——男でも女でもなく』蔦森樹，カマル・シン訳，青土社）．

3） Nanda 1990: pp. 29-32.

4） Preston, W. Laurence, 1987, A Right to Exist: Eunuchs and the State in Nineteenth-Century India. *Modern Asian Studies,* Vol. 21, No. 2, pp. 371-387.／Vyas, M. D. & Shingala, Y., 1987, *The Life Style of the Eucnuchs.* Anmol Pubns Pvt Ltd.

5） Reddy, Gayatri, 2005, *With Respect to Sex: Negotiating Hijra Identity in South India.* University of Chicago Press.／Gannon, Shane Patrick, 2009, Translating the Hijra: The Symbolic Reconstruction of the British Empire in India. Ph. D Dissertation.／國弘暁子 2009『ヒンドゥー女神の帰依者ヒジュラ——宗教・ジェンダー境界域の人類学』風響社．

6） National AIDS Control Organization（NACO），2007, *Targeted Interventions Under NACP III Operational Guidelines,* p. 12.

7） National AIDS Control Organization（NACO），2017, *Annual Report 2017-2018.* New Delhi.

8） Kavi, Ashok Row, 2007, "Kothis Versus Other MSM: Identity Versus Behaviour in The Chicken and Egg Paradox", In Brinda Bose & Subhabrata Bhattacharyya（eds.），*The Phobic and The Erotic: the politics of sexuality in contemporary India,* Calcutta: Seagull Books, pp. 391-398.

9） Stevenson, Sinclair, 1920, *The Rites Of The Twice Born.* London: Oxford University Press, p. 4.

10） Pocock, David F., 1972, *Kanbi and Patidar: A study of the Patidar community of Gujarat,* Clarendon Press, p. 116.

（実施日　2020年11月22日）

インドにおける表象と自己主張

舟橋健太

＊インドで出会う「偉人」たち

　都市部と村落部とを問わず，インドを歩いていると，人いきれのなか，さまざまなものに数多く出会う．たとえば野良犬や野良牛，いろいろなものを売り歩く人びと，乞う人びと，路傍の祠，そびえ立つ寺院など．そうしたなかに，少なくない「偉人」の立像を，街角や広場の真ん中に認めることがある．「マハートマー」（偉大なる魂，の意）と呼ばれる M. K. ガーンディー（1869〜1948年）の像は，その代表格といえる．

　かつて，ガーンディー像はあちらこちらに立っていた．白い手織り布一枚を身にまとい，丸眼鏡をかけ，杖を片手に大衆を導くガーンディー．その向かう先・見すえる先は，他ならぬインドの独立であり，輝かしい未来であった．「非暴力・不服従」を掲げて，イギリス帝国に対抗して植民地インドを率いたガーンディーは，1947年の独立からのおよそ30年間，一党優位体制でインド政治の中心にいた，自身も属した政党であるインド国民会議派と同様，独立インドを代表・象徴する存在であった．

　しかし，おそらく1980年代頃から，ガーンディーに取って代わるように，スーツにネクタイをしめて，太い黒縁の眼鏡をかけ，インド憲法を小脇に抱えた男性の像が，街中の交差点から特に村落部の片隅にいたるまで，多く建ち始めるようになった．「バーバーサーヘブ」，すなわち「偉大なる父祖」との尊称を付けて呼ばれる，B. R. アンベードカル（1891〜1956年）という人物である．アンベードカルは，抱えている物が象徴するように，インド憲法起草委員会の

**写真 1　北インドの村落におけるアン
　　　　ベードカル像**

2009年3月．筆者撮影

委員長を務めた人物である．しかし同時に，あるいはそれ以上に，インドの
カースト制度の最下層に位置するとされる人びとである「不可触民」（現在は
「ダリト」（Dalit,「抑圧された者たち」の意）との呼称が一般的）の指導者として，著
名である．特に1970年代から活発化する不可触民解放運動（ダリト運動）の興隆
を受けて，かれら不可触民の偉大なる指導者であり父祖であるアンベードカル
像が，増加していったものと考えられる．

　アンベードカル自身，不可触民カーストの家に生まれた．幼少期から理不尽
な差別に苦しみつつ，苦学の末にアメリカ，そしてイギリスに留学して勉学に
励み，いずれにおいても博士号を取得するという高学歴を得た．弁護士資格も
取得したアンベードカルであったが，インド帰国後はむしろ政治家・運動家と
して，不可触民の政治・経済・社会的地位の向上を目指す解放運動に尽力した．
不可触民制，ひいてはカースト制度，さらにはヒンドゥー教自体を問題視し，
苛烈な批判を行ったアンベードカルは，宗教的解放を志向して，最晩年にい
たって仏教への改宗を遂行した．当時はもちろん，現代に至ってもなお，アン

ベードカルは不可触民の偉大な指導者として，きわめて強い崇敬の対象となっている．

＊不可触民の自己表象と自己主張

「不可触民 Untouchable」，すなわち文字通り，「触れ得ない者」，あるいはより強く「触れるべからざる者」と呼ばれ，長きにわたって厳しい被差別・被抑圧の状況におかれてきた人びとは，しかし，先述したように，とりわけインド独立後の1970年代頃から，さまざまなかたちで声を上げ始めた．そのひとつの発端は，1960年代中葉に萌芽をみて，1970年代から大きく展開した，ダリト文学運動とされる．

それまでのインドの文学界は，バラモンを中心としたカースト上位の知識人層に独占されており，ゆえに，そうした文学作品が表すインドは，きわめて一面的なものであったと指摘される．そうした状況を打破し，自分たち不可触民の世界——それはこれまで表出されてこなかった，インドの別側面の世界でもある——，特に苦悩や呻吟，哀切や憤怒，そして喜楽など，これまで一顧だにされてこなかった自分たちの豊かな生活世界について，独自の表現や語彙でもって表象するべく，小説や詩，自叙伝等のかたちで描き出し始めた（Thorat 2012：xv）．

ここで，「ダリト」との「自称」の登場にも注目すべきであろう．すなわちそれまでは，先に記したような「不可触民」や，マハートマー・ガーンディーが提唱した「ハリジャン」（「神の子」を意味する）など，「他称」でもって呼ばれていたかれら自身が，自ら「抑圧された者（ダリト）」として，名乗り，声を上げ始めたのである．

そして，同様のことは，芸術分野においても見られている．従来の芸術作品においては，カースト制度や不可触民制，またその排外性や問題性について，ほとんど描かれてこなかったとされる．すなわち，不可触民とその生活世界，およびかれらをめぐる問題について，「不可視 invisible」とされてきたのである（Tartakov 2012：1）．こうした状況の中，不可触（untouchable）で不可視（invisible）なものを，触れられて（touchable），見える（visible）かたちにすべく，さま

ざまな表現・表象がなされるようになった.

　こうして，宗教的儀礼や婚姻・葬送儀礼，祝祭礼など，多くの機会において，自己や自集団の存在と主張をより的確に表象しうる（と考えられる）モノが使用され，明示されるようになっていった．たとえば，ガーンディーやヒンドゥー神の像や肖像画から，アンベードカルやブッダのそれらへ，といった表象の転換である．こうした表象の転換は，すなわち，公的な，イデオロギーの転換表明であると考えられる．つまり，差別的なカースト制度や不可触民制への批判であり，平等や社会的公正の要求であり，新たなアイデンティティの主張である．さまざまな像や肖像画，パネル等の芸術や視覚的表象は，自己や自集団の存在の公的なアピールであり，ダリトの解放を目指す動きとして，文学活動や政治的運動と同様に，重要なものと捉えられるのである（Thorat 2012：xxiv）.

　以下に，こうした表象の様子について，いくつかの具体的な場面から見てみたい.

＊抵抗／自己主張としての表象とパフォーマンス

　4月14日は，アンベードカルの誕生日である．インドの祝日にもなっているこの日は，不可触民たちにとってきわめて重要な日となる．町でも，村でも，多くの不可触民たちが，身近に存するアンベードカル像を訪れ，祝福の花輪をかけ，敬意の低頭を行う．音楽隊を先頭に，祝祭の行進（パレード）がなされることも少なくない.

　祝祭の行進を行うこと，あるいはそれに加わることは，すなわち，アンベードカルへの敬意を示すことであり，多くの場合，それは，自身が不可触民に出自を持つと表することと認識される．お互いの関係性が明確である村落部においては，改めての自己主張となるが，出自や背景等，匿名性を特徴とする都市部における祝祭への参列は，新たに周囲の人びとに自身の出自について認知させるものとなる．通常，自ら不可触民であると積極的に公表することは稀であることをふまえると，この行為の意義と重要性を深く考えざるを得ない.

　つまり，前章のヒジュラの事例にもあったように，他者のまなざしがある公的な場において披露される，自身の属性や背景，あるいはイデオロギーと関わ

写真 2　北インドの村落におけるアンベードカル生誕祭の様子
2005年 4 月14日．筆者撮影

るある種のパフォーマンスは，すなわち自己表象となり，時に抵抗や自己主張
として認識されるのである．それはまた同時に，他者に対してだけではなく自
分に対しても，自身の属性（アイデンティティ）の再確認として，または自集団
の結束の強化として，働きかけてくるものとなる．

　同様のことは，祝祭の機会といった非日常に留まらずに確認することができ
る．たとえば日々交わされる挨拶において，通常の「ナマステー」やヒン
ドゥー神の名を口にすることになる「ラーム，ラーム」といった言葉に換えて，
アンベードカルを称える「ジャイ・ビーム」（「ジャイ」は「勝利」を意味し，「ビー
ム」はアンベードカルの愛称であることから，「アンベードカル万歳」といった意を持つ）を
積極的に使用しているさまが認められる．あるいは，家々の門扉や壁に掲げら
れた，アンベードカルやブッダのパネルは，自身がアンベードカル信奉者であ
り，「改宗仏教徒」であることを公に明示するものとなる．

　これらの所作は，自身が拠って立つ理念――それは，アンベードカルが主張
した反不可触民制・反差別であり，平等・公正の希求である――を宣明する，
一種の微細な日常的抵抗とも捉えられよう．すなわちここに，旧来のように，
支配的なイデオロギーに黙従して，押し付けられた社会的地位を甘受する不可
触民ではなく，さまざまなかたちで声を上げ，自己そして自集団の存在を周囲
に知らしめる人びとの姿を見ることができる．

写真3　家の壁に掲げられた，ブッダとアンベードカル
　　　　のパネル
2012年2月．筆者撮影

　とりわけ近年，1990年代以降のインド社会における政治・経済的変容を受け
て，不可触民の社会における地位や認識にも，大きな変化をみてとることがで
きる．そうした社会的背景において，冒頭に紹介したようなアンベードカル像
の増加という現象がある．アンベードカル像は，その大小や質的相違はあれど
も，町でも村でも，不可触民の居住エリアの多くにおいて確認することができ
る．そうしたアンベードカル（像）が見すえる先は，不可触民の人びとが自由
に声を上げ，自己表象・自己主張を行いつつ，より良く生きる社会であるだろ
う．

参考文献
Tartakov, Gary Michael（ed.），2012, *Dalit Art and Visual Imagery*, New Delhi: Ox-
　　ford University Press.
Thorat, Sukhadeo, 2012, "Foreword," in G. M. Tartakov（ed.），*Dalit Art and Visual Im-
　　agery*, New Delhi: Oxford University Press.

Intermezzo Essay
潜在的なものを社会へ
──井上葉子のアート・アクティビズム──

　井上葉子は移動する．日本で生まれ育ち，ニューヨーク市立大学でアートを学び，1989年に卒業した．その後，大阪の国立民族学博物館で仕事を2年してニューヨークに戻って大学院を修了した．現在もニューヨークに住み，少し離れたバーモント州のベニントン大学でユニークな授業と活動をしている．日本を含め世界のあちこちに行き，アーティスト・イン・レジデンス，アート・プロジェクト，パフォーマンス・アート，展覧会，レクチャー，ワークショップをしている．移動するのは，地理的空間だけではない．さまざまな社会空間も移動する．

　学生たちは，アメリカ国内だけではなく，世界各国から集まり，ベニントン大学の留学生の割合は20%にのぼる．数年前までは比較的裕福な中産階級の学生が多かったが，低所得労働者階級の学生も増えてきた．大学はほぼ全寮制だ．多様な言語文化社会的バックグラウンドを持つ学生たちがキャンパス内で暮らす．地理的には連続していながら，大学キャンパスと地域社会は隔絶している．大多数の人々にとってそれはあまりに自明のことであり問題にはならない．そのような隔壁を開いて道をつけ，自明性を揺るがす授業を井上はデザインする．自らの作品のなかで彼女は陶芸を多く用い，人間の生活の基盤にある「食べること」を，獲得，流通，正義という視点からしばしば焦点化してきた．この二つを中心的な媒体として，学生たちが現代アートのプロジェクトを組み実施する，という授業をしてきた．

　2014年秋学期の授業は「スキルを分け合う：陶器を集いの場づくりの媒体として」と題されている．学生たちは，コンセプトを共有し，それぞれの企画を立て実施し，プレゼンテーションをして相互に批評し合う．ある学生たちは「みんなでご飯 Dishing it Out」という次のようなアート・プロジェクトを企画実施した．放課後教室の予算が削減された地域の小学校の生徒たちに，5週間各週4時間のワークショップを無料で行なった．学生たちの指導のもと，子供たちは，陶器の食器，フェルトのテーブル・ラナー，絞り染めのレシピ本を作り，最後には料理を作り，家族も招いて共食した．当初は，エスニシティや社会階層の違いなどにより異なる文化的背景をもつ小学生たちそれぞれの家庭料理を記録し，作るという計画だった．学生たちはここで躓いた．貧困家庭には家庭料理がない．料理をしない．その子供たちにはレシピや家庭

料理というコンセプトすらなかった．貧困は既に何世代にもわたり，子供たちは政府やNPOから支給される冷凍ピザなどの加工食品で育ち，家族で食事をするという経験を持っていなかった．ありふれた家庭料理も貧困家庭の子供たちには味わう機会がない．家庭料理そのものが社会的優位や優越感につながる．これを子供たちに指摘され学生たちは泣いて帰ってきた．「食」についての彼らの自明の前提が崩れ，自らの無知と，貧困を生み出す社会システムのなかで優位の側にいることを痛みとともに知ることになった．このプロジェクトの実施は，大学キャンパスと地域社会の隔絶だけではなく，地域社会のなかでも各家庭の間にある隔壁を開く試みともなっていた．しかしそれは，「みんな仲よく」といった予定調和的なものではなく，隔壁があることによって潜在化していた社会問題と学生自らの立ち位置を明るみに出した．

近代の成立とともに，家庭が私的領域となり社交が減退した．新自由主義的な傾向の高い現在のアメリカでは，私的領域がさらに強調されている．ベニントン大学生たちの間では，社会関係を結ばない個人という形で顕れている．自らのアイデンティも含め個人の生活に必要なものは市場から得られるというわけだ．このようなキャンパスにおいて，「スキルを分け合う」クラスの学生たちは，それまでの無料コーヒーの供給が大学予算削減のためになくなったのをうけて，「C世界のコミュニティ・カフェ・屋台」を毎週水曜日の朝に開いた．「C世界」のCは，コーヒー coffee, 共同体 community, 会話 conversation, 協働 cooperation, おしゃべり chit-chat, 勇気 courage, 穏やかなキャンパス集合体 calm campus collected の頭文字だ．コーヒーを通じたカジュアルな出会いの場，小さなコミュニティ形成をキャンパス内で絶やさないための企画実践だった．このカフェ屋台は，コーヒーを提供するまでのプロセスに金銭を介さない．コーヒー豆，ミルク，砂糖，屋台のための労力は，彼ら手作りの陶器カップと交換して得る．このようにして，無料コーヒーを提供して，小さなコミュニティ形成を目指した．この「時間」と「場」の共有が自然に「批評の場」「作品発表と講評会」「討論会」「物々交換の場」を生んだ．香ばしいコーヒーを飲むためにマフィンやパンを焼いてくる人も集まった．このコミュニティ形成と相互贈与の実践を通じて，個人間の隔壁と新自由的市場の間の潜在的関係が，逆説的に顕れることになった．

井上はまた，ベニントン郡区のNPOとコラボして，「社会の台所：陶器，食そしてコミュニティ」という授業を展開した．陶芸のワークショップ，フードパントリーNPOでの食品配布の共同作業，ファンドレイジングなどで学生たちは地域の多くの人と協働する機会を得た．年に一度のファンドレイジングのスープディナーには，地域住民，学生，教員，スタッフなど1000人もの人が一堂に会して食事をした．

そんな折，パンデミックが起こった．通常ならば冬になると，ベニントン大学生たちはインターンシップのためにキャンパスを後にするが，2021年の冬はパンデミック

により旅行が制限されていたため，多くの学生が，孤独と不安を抱えながら留まった．パンデミックのために，大学食堂での食事の提供はほぼテイクアウトになり，学生は寮の自室で孤独に食事をとった．学食のスタッフの削減により，食事はほぼ外注加工食品になり栄養問題も懸念され，学生たちの心身の危機が生じた．そのような学生たちの一人から相談を受けた井上は早速サポートし，スロー・クック・ムーヴメントが始まった．共感する学生たちが集まり，地域のいくつかの農家の協力を得て具沢山のスープを作るようになった．助成をとり，スロー・クッカーなど調理道具も充実させた．大学の基盤を支えるスタッフの間にも食堂の閉鎖は大きな困難をもたらしたが，学生たちはその人たちにもスープを無料で供給できるようになった．人間の基本である食を通じ，地域の農場の人々，学生たち，大学スタッフたちの間に，相互にケアとサポートをしあう確実なつながりが生まれた．

　井上は，資本主義市場の弊害とコミュニティ生成における贈与の重要性に注目するが，贈与原理主義には走らない．日本の中世の例からも分かるように，市は出会いの場でもある．現在まで続く教養主義的伝統のなかで，距離をとることを求めるような美術館のなかに，井上は，市のもつ気楽さや出会いへの誘いを組み込んだインスタレーションをつくる．商品のやり取りに生じる複雑で奇妙で曖昧な捻れ，多くの場合錯綜する権力や欲望によって生じる捻れを，ズレながら反復する夥しい数のモノの制作を通じて顕在化することを試みているように思える．一つ一つのモノは見慣れているような気がして，見る者は気楽にインスタレーションの会場に足を踏み入れるが，やがて，少しずつズレを含む夥しい数の制作物によって，攪乱される感覚や自己の購買欲との葛藤に襲われるのではないだろうか．

　例えば，「水に敵なし：願いの井戸 *Water Gets No Enemy: A Wishing Well*」は，少しずつ形態の異なるペットボトルから，石膏で型をとった陶器が林立している作品である（**写真1**）．なかには，大量生産されたような仏頭や仏像を頂き，ボトル体部にコインを投入するようなスリットの空いた陶器も混在している．「この作品は商業的腐敗と霊的清浄の間の無定形な境界を探っている．モノは，賽銭とお願いごとをほのめかす貯金箱に変貌する．グローバリゼーションの力によって，あらゆるモノが商品となる．かつて神聖であり共有財産であると考えられていた水でさえも．」と井上は述べ，イメージによって人間の意識がどのように形作られるかを知ろうとしている．

　また，アートの曖昧性や両義性の力によって，自明化している世界を揺さぶり，潜伏するものをこの世に顕すには，アーティストは参加者との出会いという偶然性とそこで生まれるかも知れない「誤解」にも委ねる勇気と確実な存在感が必要だ，と彼女は言う．そのような存在感をもって，地理的空間や社会的空間を移動するだけでなく，自明視されている現状，潜在的諸水準，インスタレーションやパフォーマンスによって顕在化された水準，の間を井上は移動する．

写真1　水に敵なし（井上葉子氏提供）

　彼女の批判的関心の基盤にあるのは，コロニアリズム，ポスト・コロニアリズム，グローバリゼーションだ．イデオロギー闘争の場合は正否を争うが，彼女は，地球上のいかなる人間の生も正否には振り分けられない絡まり合ったものであることを，アートの両価性と曖昧性に託し，現状への批判と希望とともに現前化しようとしているように思う．「売られしものの転生／移動 *Transmigration of the SOLD*」は，アメリカ国旗を編み込んだセーターを売るエクアドルとペルーからの違法移民露天商との出会いから始まり，南米各地でのリサーチに基礎を置いた，延べ1年近くかけて行なった，広範な繋がりのアート活動だ．国旗セーターは，9.11を契機としたアメリカの愛国心の高まりのなかで，アンデス山岳地帯で作られるようになった．そこでは赤と青と白の旗の儀礼が行なわれている．星条旗を構成する三色でもあるが，先住民たちにとって「命の源」であるジャガイモの花を意味する．井上は，9.11の現場近くの土産物露天商になり，衆目のなか，アメリカ国旗セーターを解いて毛糸玉をいくつも作った（**写真2.1**）．毛糸玉は，アンデスのセーターの生産者へと再輸出され，その毛糸で編んだ造花を作ってもらい，ニューヨークへと再輸入し，インスタレーション／パフォーマンス展示を行なった（**写真2.2**）．国旗セーターの南米での生産と北米における消費の過程に潜在する，ポストコロニアルで矛盾に満ちた関係をアブダクティヴな（創造的疑問を誘発する）形で現前化し，オルタナティヴな関係へと結びなおすアート活動になる．

　身体と直接的に関係する核爆発と食を素材として行なわれるインスタレーション／

左：写真2.1　星条旗セーターを解いて毛糸玉に（井上葉子氏提供）
右：写真2.2　星条旗セーターを解いた毛糸で作った赤と青と白の花（井上葉子氏提供）

パフォーマンス「ケーキ地理学 Cake Geography」は，潜在的なものを激烈な形で顕在化する一連のインスタレーション／パフォーマンスだ．そのために彼女は丹念なリサーチを行なっている．世界初の核実験は，広島への原爆使用に先立って，アメリカ国内で1945年に行なわれた．1946年太平洋のビキニ環礁で，長崎の原爆に続く世界第4番目と5番目の核実験が行なわれた．核実験は事前に報道され，報道陣を含めた招待客によって爆発が観察された．近隣の住民たちは，強制的に移住させられた．一方ワシントンD.C.では，海のなかからにょっきりと立ち上がるキノコ雲をかたどった「アトミック・ケーキ」が作られ，核実験を推進した副提督が，キノコ雲を象った帽子でおしゃれした女性とともに誇らしげに入刀する，核実験記念祝賀会が開催された（**写真3.1**）．井上は，アーカイブで入手した写真をもとに，ウェディング・ケーキ職人ウェスト氏に「アトミック・ケーキ」を再現してもらい，希望して集まった白人アメリカ人たちが次々とケーキを井上に食べさせる，参加型のパフォーマンスを行なった（**写真3.2**）．「ケーキという甘い媒体を通じて外からの暴力を体内にとりこむ．このパーフォーマンスのなかで，親切な救い主的な人たちが加害者的な存在に転じてゆく．その罠にはまったかれらは意気揚々とその役割をはたしてくれた．」と井上は語る．

　1946年以降もアメリカは夥しい数の核実験を太平洋と国内の先住民の大地で行なってきた．ウエスト氏は偶然にも先住民（ナバホ）の女性であった．ヨーロッパ人植民以前には先住民の生活の場であった領域は，国家や関連企業によるウラニウムなど地

左：写真3.1　核実験記念祝賀会でのアトミック・ケーキ入刀
（ロス・アラモス歴史協会アーカイヴ：井上葉子氏提供）
右：写真3.2　アトミック・ケーキを食べさせる（井上葉子氏提供）

下資源採掘や原水爆実験の現場となり，囲い込まれて立ち入り禁止となってきた．その大地の現在の姿は，アメリカの第二次世界大戦勝利，ポストコロニアルな状態のなかでの「世界」の発展と同時に，政治・文化・社会・身体の水準での先住民の生存基盤の「合法的強奪」を無言のうちに物語っている．発展した「世界」の多くの住人にとっては不可視化されている「合法的強奪」の歪みの潜在的な力を，「アトミック・ケーキ」強制摂食や進入禁止区域の土から作った「泥ケーキ」摂取によって現前化し，参加者の意識と自明性を攪乱するパフォーマンスを井上は続けている．

　権力論的分析ならば筆者のような研究者にもできるだろう．アメリカ国旗を編み込んだセーター制作の現場でフィールドワークを行ない，矛盾を孕みながらも生き生きとした暮らしぶりを民族誌として書くこともできるかもしれない．けれども，万物万魂の連鎖のなかに，オルタナティヴな形のモノや身体やそれらの変容を現前化させて参加者の意識を攪乱し，コロニアル／ポストコロニアル／グローバル資本主義的現況がよって立つ自明性を揺るがすことは，有限で形ある自らの存在を投企する井上葉子のアート・アクティビズムによってこそ可能になるのではないだろうか．

[付記]
　筆者は，2018年に井上葉子氏に京都でお会いした．2020年にはオンラインでインタビューする機会を得た．2020年から2021年にかけて多岐にわたる資料を提供いただいた．井上葉子氏のご協力に心より感謝いたします．

共同妄想記憶のリアル

──地域で考え，創り，集う──

地域におけるリアル
──記憶の捏造／創造──

白川昌生

白川 白川です．山田さんの方から声を掛けられて，今日は参加することになりました．私は，今はもう72歳のじじいなんで．一応，現代美術と呼ばれる領域のアートをやっています．1983年にドイツから戻ってきて，群馬で生活してやってきましたけれども，1993年ぐらいから「場所・群馬」という活動を始めて，自分が生活している地域にちなむアートをつくっていくというか，アートをやっていくという，そういう活動を始めました．でも，これはべつに団体でもないし，グループでもないので，そういう活動を興味がある人がいれば一緒にやるということでずっとやってきて．そのうち，だんだん人も少なくなってきましたけれども．

　2000年を過ぎて，関西の地震の後ですね，それ以後に地域と絡むアートをやっていく人たちがぽつぽつと出てきて．2005年ぐらいには日本でも，アートNPOみたいなものがあちらこちらで立ち上がってきました．そのころから地域型のアートみたいなものが，正面に出てくるようにもなりました．

＊これまでのアート活動

　今日は，自分が前にやってきた事柄について，皆さんにちょっと簡単なプレゼンを行おうと思います．

　最初は，私が地域でやってきたアートの活動を紹介します．2000年に行った「無人駅での行為」です．今は，前橋の郊外に無人駅がたくさんありますけれども，その無人駅で，地域でつくられている焼きそばを食べている（**写真1**）．地域で，既に無人駅は過去の記憶になっていますけれども，そういう過去の記憶と，現在の地域で生産している生産物とを合わせて，そこでそれを食べて，記憶をもう一度再生するということをやりました．その数年後には，地域の仲間と一緒に，無人駅で，今度は流しそうめんをやりました．

　次は，「サチ子の夢」という，これは2002年です．前橋の商店街はほとんど

シャッター街になっているんですが，その中に洋装店があって，その洋装店で働いていたデザイナーの人が亡くなり，私はちょっとお世話になっていた人なので，その人の思い出をベースにして作品をつくってみました．

60年代，70年代に，いろいろな既製服を皆さんがつくっていたときの思い出，それを表現しました．

次は2005年です．渋川の美術館で何かやってほしいということで，「渋川ぷらっとフォーム計画」というのをやりました．これは，渋川の町に住んでいる人に，回覧板でお願いをして，「あなたにとって大切な場所を教えてください」ということで，参加してくれた

写真1　「無人駅で焼きそばを食べる」2000年
白川昌生氏提供

5人の方がいて，それぞれの方が言う「私にとっての記憶に残る場所」，そこに出掛けていって，そこで話を聞く．そういう映像と展示というものをやりました．みんなでその場所に出かけていきました．駅の近くで熱帯魚を売っているお店にも行きました．隣町から，渋川に出掛けてきている人がいて，お子さんが病気がちで病院通いをしていて，病院の帰りに必ずここの熱帯魚店に寄って，子どもと時間を過ごしている．そのときの思い出を，ここで話してもらいました．

次にやったのは，サバイバル・アート展「島岡酒造の改造計画」です．これは2006年に，地元の新聞に島岡酒造が火事になって，江戸時代から続いている酒蔵が全焼してしまったという記事が出ていて，その記事を基に，島岡さんに頑張って，なんとか再建してほしいなという思いで展覧会を企画しました．この展覧会を地元のNHKが取材に来て，それで島岡酒造の問題がより大きく知られるよう

になって，島岡さんの方からは感謝されて手紙をいただきました．

　次は，「ローズ・プリンセス」のプロジェクトです．これは前橋が「バラのまち」になっていて．バラ園がすぐ近くにあるんですが，町の中とちょっと距離が離れているために，バラ園で行われるお祭りが，町の中には波及してこないということもあって，私は町の中でローズ・プリンセスというコンクールを行って，それに当選した女性が車に乗って町の中を凱旋して回る，そういうプロジェクトをやりました．最後は町の中をぐるぐる回って，町の中心部でみんなと記念写真を撮るという企画をたてて実行しました．これも，結構地元の人には好評でした．

　次は，「フィールド・キャラバン計画」．これは2007年です．これは，群馬県の県立美術館の学芸員の方から，何かやってほしいという連絡があったんですね．展覧会自体はなくなったんですけれども……．スキー場に向かっていく若い人たちにインタビューをしたり，スキー場の方々にインタビューをしたり，それからスキー服を売っている町のお店の方にもインタビューをしたりという．地域の中で，スノーボードが広がっている動きを，映像を通じて皆さんに見せようというかたちでやりました．

　次が2011年に行われた「駅家ノ木馬祭」です．これは地元ではよく知られています．地域にいる若い人たちが，町おこしのときに「前橋には町おこしの対象になるような話がない」ということで，私が『驛家ノ木馬祭（ウマヤノモクバマツリ）』という話をつくって，それに基づいてお祭りをやってみたものです．これは現在も続いていて，今年でおそらく10周年になるようなかたちで毎年続いています（**写真 2**）．

　次は「沼垂ラジオ」です．これは新潟で行われた「水と土の芸術祭」，2012年のときに行ったものです．これは，沼垂という新潟駅のすぐ近くにある，かなりさびれちゃった場所ですけれども，そこの場所にラジオ局を開設したというプロジェクトになります（**写真 3**）．

　ラジオ番組は，地域の人たちに積極的に参加してもらって，例えば沼垂弁講座のラジオとか，それから沼垂は小唄勝太郎が生まれた場所で，音頭の出発点になる場所でもあるので．ここで「音頭 de シンポジウム」をラジオ局で主催して，それをラジオで流したりしました．偶然ですけれども，ここの場所が『闇金ウシジマくん』の漫画でも取り上げられた場所で，『闇金ウシジマくん』の25巻に，僕らがラジオ局をやった場所がでてくるんです．ラジオ局の活動は毎週末に途切れず半年間やりましたけれども，多くの人がラジオ局に遊びに来るようになっています．この芸術祭の後も，地域の人たちがラジオ局を引き継いで，ニュー沼垂

写真2 「駅家ノ木馬祭」2011年
白川昌生氏提供

写真3 「沼垂ラジオ」2012年
白川昌生氏提供

ラジオというかたちで現在も活動を続けています．

　次が最後になりますけれども，2016年に「あいちトリエンナーレ」に出した「らくだをつくった男」というものです．ここにテキストがありますけれども，ここは長者町という場所です．ここは繊維関係の問屋さんがあるところなので，私は名古屋の繊維にまつわる物語，ラクダの下着をつくった人がここから生まれたという話をつくりました．それにちなんで明治から昭和，大正，戦時中にかけての話をつくり，作品を展示しました．

　かなりハイスピードでしたけれども，こんな感じでやってきました．

＊普遍はさておき具体的地域から

　私は1983年にドイツから戻ってきて，日本で生活というか，美術活動をやって

きましたけれども，日本に戻ってきて，東京などで展覧会をするようになりました．当時はアーティスト・ネットワークという活動があちらこちらで起こってきていて，私もそれに参加しました．私は群馬に住んでいましたけれども，いろんな人たちが集まって一緒に展覧会をやっていくという，そういうアーティストのネットワークをつくりました．そこでは，相互に作家を招いて展示をしました．北海道，福岡，東京などで展覧会を開きました．

　その当時は，出てくる作品のほとんどが抽象表現主義の作品がメインで，具象的な作品はほとんどありませんでした．コンセプチュアルなものやインスタレーションもありましたけど，どちらかというと抽象表現主義的なものが中心でした．

　当時，アメリカフォーマリズムというか，色や形などをテーマにして作品をつくるというようなことを，みんなが話していました．その時ふと，北海道に住んでいる作家と，福岡に住んでいる作家と，例えば色とか形にしても，北海道の色，福岡の色のようなものはないのかなと思ったんです．

　それは私がヨーロッパに住んでいたときに，フランスの美術とドイツの美術と，あるいはイギリスの美術，それぞれ同じ抽象画でも，色とか形とかが微妙に違ったり，色感とか，いろんなものが違ったんですね．そういうものが日本の美術作品の場合，あまり見掛けられない．差異があまりはっきり出ない．そのわりには，みんな普遍的な話ばかりやっていて，なんかちょっとおかしいんじゃないかなという気がしました．

　美術理論や美術史ではセザンヌ（Paul Cézanne）から近代美術が始まったと言われたりします．セザンヌが山の形や何かを色や形に分解して描いていったという話です．でも考えてみると，南仏に住んでいるセザンヌは，自分が生活している場所で毎日見掛ける地域の山を描いて，そこが出発点になったのかもしれない．でもそういう話は日本ではあまり聞かないなと思ったんです．

　あるいはヨーゼフ・ボイス（Joseph Beuys）という作家も，自分の住んでいた地域の幼児期の思い出，そういうものをベネチア・ビエンナーレの作品に出している．そういうタイプの作品というのは日本にはないんだなという感じがしていました．

　普遍に至る前の段階，もうちょっと具体的な領域のところ．だから，自分が住んでいる地域，そういう場所から，もう一度，普遍の方に行けるような道があるのかどうか分からないですけれども，そういうことを考える作品があってもいいんじゃないかと思ったわけです．そんな経緯もあり，1993年ぐらいから，自分が住んでいる地域を見ながら，そこを作品にしていくというかたちで，「場所・

群馬」を始め，今のようなかたちになっていきました．

＊『駅家ノ木馬祭』と歴史の「捏造」

山田　アーツ前橋で，2019年に「表現の生態系」という展覧会があったんですけれども，白川さんとはそのときにご一緒させていただいています．それ以前から，白川さんの作品は，私もいろいろ拝見していて，特に「駅家ノ木馬祭」は印象的でした．私が拝見した作品は映像なのですが，すごく不思議な作品なんですね．

　新しくできた祭りなんですけれども，あたかも昔からあったかのような，伝統的な祭りにも見える．白川さんにお伺いしたいんですけれども，「駅家ノ木馬祭」ができた経緯というか，あれを発想した背景みたいなものを教えていただいてもいいでしょうか．

白川　あれは2005年に「全国アートNPOフォーラム」が前橋であった時に，前橋でもアートで町おこしをしようというような話になり，商店街を中心に若い人たちが集まって活動する中で誕生しました．皆さんが言うには，前橋には町おこしに使えるような話がないと，それだったら，そういうのをつくればいんじゃないのみたいなことで，『驛家ノ木馬祭』という話をつくり上げたわけです．

　例えば群馬で一般的に知られているイメージは，国定忠治とか，前橋だと萩原朔太郎がいます．片やヤクザ，片や詩人ですね．でも歴史的に見ると，国定忠治は江戸の終わりに生まれている人で，萩原朔太郎も明治の初めの生まれですから，せいぜい30年ぐらいしか時代が違わない．私は，国定忠治に子どもがいて，という話を考えて，あの物語をつくったんですね．国定忠治の息子がいて，それが前橋の町に住んでいてみたいな話でやりました．また，群馬県は，字にもあるように「馬」の字があるわけです．それから前橋も，昔は駅家，つまり馬小屋がお城のところにあって，それが前橋の語源になっているんですね．にもかかわらず，群馬も前橋にも馬にまつわる物語がないということで，それならば馬に関する物語，語源とかね，そういう物語をつくるといいのではないかと考えました．

　また，明治時代の前橋は絹生産が盛んでした．日本で最初に，絹を工業化して

生産することで，だんだん町が伸びていくわけですけど，そのときにイタリアやフランスから指導者がやってきた．そういう人たちの指導を受けながら日本の生糸産業が発達してきたわけです．その中にはチューリヒから来ている人たちもいて，時代的にこれもちょっとずれますけれども，チューリヒ・ダダの時代ですね，そこに結び付けてみようと思いました．ダダイズムという言葉の発祥が，前橋のお祭り，駅家のお祭りの掛け声である「木馬，木馬，ダ，ダ，ダ」であるというお話です．その掛け声を，当時チューリヒから来ていた指導員が書き留めて，文化人類学の本を出したときに，その記述が残り，それがチューリヒ・ダダの語源になったというお話です．もちろんねつ造です．

青木　ねつ造がすごく面白いんですが，それは考えている間にばあっと出てくるんですか．

白川　いや，考えているというよりも，たまたまうまく，資料を調べていったら，いろんなものがうまく集まるんです．国定忠治の面倒を見ていた大前田英五郎という大親分がいるんですけど，ちょうど今，私が住んでいる大胡町の人なので，自分が住んでいる町の歴史に出てくる人でもあったし，話をつなげて考えていったわけです．

＊記憶の誕生と触発されるリアル

松本　白川さんの作品とか，活動の中心テーマの一つに「記憶」があるなというのを感じています．その記憶は，単に過去の客観的事実だけではないと思うんですね．また，記憶の主体というのが，個人の記憶であったりする場合もあるし，社会の記憶みたいなものもあると思うんですね．白川さん自身は，記憶というものをどう考えているのか，先ほどの物語をつくるというのも，何か一つ記憶を新しくつくるみたいな活動にも感じられます．

白川　なかなか難しい問題ですね．記憶というのも，すごく曖昧な，頭の中にデータとして残っているものが記憶というよりも，記憶が浮かび出てきたときに記憶になるみたいな感じで，本人は気が付かないものなんだけど，何かのときに浮かび上がってきて，確認すると「記憶」になるから，上書きされていても本人は分からないような気がするし，そういうものを共有して，社会というのは成立しているんじゃないかなと思います．

　社会の記憶というのも，永遠不変に変わらないというわけではなくて，可変的というか流動的なものでしょう．記憶が何かというよりも，記憶が人に与える何

かというか，それはおそらくある種のリアリティー，リアルな感じを触発するものが記憶なのかなと思ったりするんですね．

　これは，当たるかどうか分からないけど，例えば自分が昔聞いていた音楽を，あるとき時間がたって聞いたときに，音と一緒に過ぎ去った時間みたいなものがよみがえります．人とのつながりや，あんなことやこんなことがあったと，思い出されます．そうすると，そこでまた人はそれをベースに考えたり感じたりしますから，それがリアルな感じではないなら記憶にならず，すぐ忘れてしまいますね．

　リアルさが引き立つと，人と人とのつながりも生まれていきます．信頼やいろいろなものです．例えば親と子も，逆に言うとそういうリアルな何かがなければつながれないと思ったりしますね．

　ひょっとしたら嘘かもしれない，でもそういう確信，リアルな生き生きとした感じというか，そういうものを自分の中に浮かび上がらせてくる力になるものが記憶なのかなと思います．

山田　今記憶の話が出ましたけれども，私もそこはすごく気になります．これはお祭りとしてぎりぎりだなという感じがして．例えば，お祭りをやっているところに，何も知らない人が来たら，これは昔からやっているお祭りだと思うんじゃないでしょうか．そこらへんを誤解する人が，まあ誤解してもいいんだろうけれども，出てくるというところがすごく面白いところですよね．

　でも，よく見ると，いわゆる伝統的なお祭りとはどこか違うということも分かるわけです．そのぎりぎりのラインを行く感じがいいですよね．一方私もいろんな地域でいろんなお祭りを見たし，いろいろ調べてきましたけど，お祭りに関して，あるいはローカルな地域の儀礼などについて，研究者の方などに伺うと，日本のお祭りのほとんどすべては，どんなにさかのぼれても近世までだと言うんですよね．

白川　そうですね．

山田　でも，そのお祭りをやっている人たちは，「いや，これは昔からあるんだ」みたいなことを言う．平安時代の何々天皇が起源でみたいなことを言うので，ほぼ全てのお祭りはねつ造に基づいているとも言えるわけです．そういう伝統とか，記憶の構造みたいなものを実にうまく捉えて，ある意味パロディーにし，ある意味で新しい見方を示しているなと思うんです．

白川　僕が調べた限りでも，今，山田さんが言われたように，伝統的なお祭りの多くは近世というか，特に江戸時代の終わりや，明治の大きな時代の断絶が起

こっているときにつくられたということがわかります．あの時期は，群馬県の中で社会構造も変わったし，それに浅間山が噴火したり，ともかく自然災害も多かったりして，そういう意味で死んだ人たちの鎮魂というか，そういうものが，わりとお祭りの最初のエネルギーの基になっているのでしょう．

　その時期は先ほどお話しした，萩原朔太郎と国定忠治の空白の30年間にあたります．この時期は天理教が興ったり，やがては大本教も興ったりする．江戸の終わりぐらいに，前橋ではギリシャ正教の教会ができているし，さまざまな意味で宗教的な領域での断絶みたいなものもありました．

舟橋　私も今お話を伺っていて，すごく面白いなと思いました．お祭りをアートと捉えるというのは，そう言われたら確かにそうだなと思いますし．それをアートと捉えて，実際に実践もされているという点が興味深いです．先ほどの話にもありましたが，どこかでつくられて，それが何回も何回もやられているうちに，だんだん変化していくことがあると思うんですね．実際インドでも，悠久のインドと言われますけれども，そのイメージも，ほとんど近代につくられていると言われます．

　ちょっと私の話で恐縮なんですけど，いわゆる不可触民とされた人たちも記憶をつくるんですね．自分たちが何でこんな理不尽な被差別の状況にあるんだということを，記憶を使うことで，違う歴史をつくろうとする．そのとき，お祭りとかそういったパフォーマンスは非常に重要だと思います．

＊普遍と地域の往復運動

舟橋　また，具体的地域から入るというところも興味深いです．人類学は，具体から見て，普遍に至ろうとする学問です．でもそれは行きっきりではなく，何回も何回も行ったり来たりするものです．「場所・群馬」の活動について白川さんも往還というイメージを語っていましたが，そのイメージはどのように出てきたのでしょうか．

白川　最初に話をした，80年代に周りにいた作家の人たち，年齢は同じぐらいなのですが，みんな先ほど言ったように，初めから普遍の話になる．絵画の話や芸術の話になると，最初から普遍の話で，色，形とか，それで何ができるとか，そういう話になる．そこに，分かりきったことだけど，物語とか社会的なものを入れるのは，近代以前の芸術で終わったんだみたいな感じになる．高階秀爾もそういうことを言っていますけれども．

でも，それが逆にポストモダンというか，70年代以降になると，そのような見方ではなく，またもう一度，具体的な問題とか，地域の問題とかを考えるようになる．欧米は既になっていたと思うんですけれども，日本でもだんだんそうなってきた．今は，町おこし系のアートみたいなものは当たり前な感じですけど．その作業をしていく中では，どのようになるのかというのは自分でも分からなかったですね．

　例えば，セザンヌが自分が生活しているところの，毎日見ているサント゠ヴィクトワールの山を見て，それをキャンバスに色や形に分解したというような，そういう近代的な物語があって，それでああいう作品ができて，それが近代絵画を生んだんだ，というようなことが語られる．

　でも僕なんかは，やっぱり分からないのは，どう考えたら本当にそうなるのかというところだった．本当に色や形に分解できるんだろうかとか，そこからみんなスタートして，抽象絵画も全部できるというところからスタートして，始まっているわけです，アメリカの抽象絵画なんかもそうです．

　でも，山の絵をどういうふうにするかというサンプルみたいなものとしては，モンドリアン（Piet Mondrian）の絵とかもあるけれども．あるいはジャクソン・ポロック（Jackson Pollock）のプロセスみたいな絵もあったり，シュルレアリスムみたいな絵もあるけれども，僕としては，自分がどういうふうになればそうなるのかみたいなことが，やっていてもよく分からなかった．よく分からないけれども，でも作品にしてみるみたいな，そんな感じです．

　さっきの無人駅も，生産物と何の関係があるんだ，焼きそばと何の関係があるんだと言われるけれども，結局，前橋の中にあるああいう無人駅は，初めは生糸を運ぶためにつくられたものなんですね．その当時は，生糸という生産物が産業のすべて，群馬のすべてだった．それが今は完全になくなって，駅も学生が通学に使うぐらいのものでしかなくなった．群馬は今はほとんど車社会になってしまっているので，完全に赤字路線で使われていないわけです．

　いまや，群馬の前橋の主生産物は何かといったら，インスタントラーメンとか，インスタントうどんなどです．小麦の生産量は，関東の中で二番目に多い．かつては群馬が一番だったんですが，そのようなことをイメージしながら作品をつくったんですけれども，普遍的なところに至るのは，なかなか難しいですね．行ったり来たり，行ったり来たりで，いろいろ試みてアタックするんだけど，なかなか難しい．往復運動をやっているぐらいが僕にはいい感じですね．

　正直なところ，普遍を目指していって，その先に例えばドイツのカント（Immanuel Kant）みたいな，ああいう哲学理念をつくり出すところまではなかなかいかないので．いつも挫折，挫折じゃないけど，作品にはするけれど，じゃあ，その作品で，その問題が全て解決しているかというとそうではないので．また戻ってきて，また地域の問題を探して，またやっていくみたいな，そういう往復運動ですね．

　アートは，たまたまそこに造形的というか，表現が関わってアートになっているわけだけれども，考えてみれば神話もそうだし，呪術もそうだし，学術的な研究も表現といえば表現ですよね．地域を探っていくと，より具体的なものが出てきます．具体的なものはみんな個別で違いますよね．そういうところに気が付くのが面白いです．

青木　すごく面白い，頭がかき混ぜられるというか，全体的に体もかき混ぜられるという感じです．

＊権力と表現の自由

青木　ここで「あいちトリエンナーレ」のお話もお伺いしたいと思います．
　白川さんは「表現の不自由展・その後」展で作品を出されましたね．あの時，どのようなことがあったのでしょうか．

白川　僕は展覧会が始まる一週間前に設置に行って，それを終えて家に戻りました．だから，オープニングは行っていないんです．ですが，その後すぐに閉鎖になりました．その間もいろいろな交渉がありましたが，最終的に，また最後に一週間ぐらいオープンになりました．

　この展覧会は，2015年に東京のほうで行われた「表現の不自由展」をベースにしたものです．僕はあとから，津田大介さんに声をかけられて，作品を出しました．あの作品をつくる発端は，群馬県の朝鮮人強制連行追悼碑の問題ではなかったんです．2000年ぐらいに，長崎の原爆投下記念碑の問題が浮上しました．最初，美術関係の小さなサークルの中で，それが話題になったんですね．長崎の原爆投下記念碑があるけれども，あれが芸術的ではないということで，市長が代わったときに取り替えられるという問題です．

　はじめはその問題を作品にしたいなと思いました．でも形にならなかった．その後，2015年に，群馬県の地元の新聞で「朝鮮人強制連行追悼碑の撤去問題」を知りました．それを作品にしようというイメージが具体的に頭の中に浮かんで，2015年に作品にしました．長崎の場合もそうだし，群馬の場合もそうですが，現

写真4 「群馬県朝鮮人強制連行追悼碑」2016年
白川昌生氏提供

地まで行って全部メジャーで測って，ほぼ同じ大きさのもの，あるいは近い色の
ものを使って立体作品をつくりました（**写真4**）.

青木　その後「あいちトリエンナーレ」の問題が起こったわけですね.

白川　そうそう．部屋全部，まあ展示自体が駄目ということになったんですね.

青木　それに関して，何か声明を出されたりしたんですか.

白川　あの時は，愛知のリフリーダム（ReFreedom Aichi）の集まりがあって，私
も加わって一緒に声明を出しました．長崎の話はちょっと置いておいて，群馬だ
けの話をすると，記念碑が立っている場所は「群馬の森」という公園です．広い
公園の敷地の中に，県立近代美術館と，横に群馬の原子力研究所があるんですよ.
二つ並んでいるんです.

　もともとあそこには，明治時代から，日本で最初の弾薬をつくった製造工場が
あったんです．だから，大きな碑が公園の中に立っているんです．すごく大きい
石碑が立っていて，そこに日本で最初にダイナマイトを製造した場所であると書
いてある．だから日清・日露戦争のときの弾薬は，あそこでつくったんですね.

第二次世界大戦のころ，朝鮮の人も連れてこられて，弾薬生産工場で働いていたんです．それが戦争が終わった後に，アメリカ軍に接収されて，公園になった．美術館と原子力研究所になったんです．でも，工場自体は完全になくなってしまったわけではなく，少し残っているし，弾薬庫もそこからすぐ目の前の榛名山の下に，自衛隊の弾薬庫というかたちで移動しただけなんですね．

　隣り合っているのが，確かに，何かこう，近代の力かもしれないぞみたいな，すごく面白い取り合わせですよね．日常的には，あまり考えないかもしれないけど，そういう並び方とか，それが自衛隊に引き継がれていることを考えると，それこそ調べていけば記憶の発端になるかもしれないようなものが日常生活の中に結構あるんだなというのがすごく面白いんです．ねつ造も含めて，こうであったかもしれないというところを含めて，つなげていくんですね．記念碑自体は，できたのはそんなに古くないんですよ．群馬県の朝鮮人追悼碑も，日韓関係の問題とか，いろいろなことがあって，できたのは2004年ぐらいです．

　土地自体が県の土地なので，10年契約で碑を建てて，2014年に期限が切れたので，さらに延長して土地を貸すという，そういう話が県議会で起こったときに，もう貸さない，撤去しろという話になったわけです．

　群馬県というのは，中曽根とか，福田とか，小渕とか，自民党の巣窟みたいなところだし，群馬県県議会の8割ぐらいが日本会議のメンバーなので，即決で碑の撤去は決まっているわけですよ．

青木　でも2014年にその撤去が決まったけれども，まだ撤去されていない．

白川　今，裁判中です．碑を守る会というのがあって，その会と群馬県の間で裁判中です．2016年に地裁判決が出ました．ただ，そこで裁判所は踏み込んだ判断をしなかった．「お互いに話し合ったらぁ」みたいな感じでした．碑を守る会の方から，県議会に和解をして設置を続けてはどうかと提案しましたが，ダメでした．今は，最高裁で審理中です．県はあくまで撤去すると言っています．

　記念碑の問題は，2015年ぐらいに裁判が始まったりして，僕も初めてそのへんのことを調べて分かったんですが，90年代に僕は，長野の松代で仲間と一緒に毎年展覧会をやっていたことがあるんですね．

　その松代には，大本営の跡があるんです．皆神山という，わりとオカルト的な人たちが好きな山があるんだけど．皆神山のすぐ隣に大きな山があって，そこの山の中を，縦横無尽にくりぬいて大本営があるんですよ．

　今は，信州大学が地震計か何かを置いているので，一部は開放されているけれども，ほとんどが立ち入り禁止になっているんですね．そういう場所があって，

当然そこでも朝鮮の人が連れてこられていたし，それから慰安所もあったりしました．その場所で，展覧会をやっていたんです．大本営に入っていく入り口の前のところに，大きな碑があるんです．碑の裏面に，強制連行で連れてこられた人とか，強制労働をさせられた朝鮮の人とか，そのへんの文字は全部削られているんです．なぜかと言うと，これも議会の方で，強制連行などなかったんだから文字は消せということになり削られているんです．

　群馬県の問題が起こったときに，僕も弁護士さんから聞いてはじめて分かったんですけど，日本会議に「さわやか」という，地方で草の根運動をやっている婦人団体があって，そのホームページに，日本中の朝鮮人関係の碑，強制労働に関する碑が32個ぐらい写真入りで紹介されています．地方の草の根運動をやっているひとたちがそれらを全部調べて日本会議に報告している．その情報は市議会議員や県会議員に行って，ほとんどの碑の文章の一部，強制労働，強制連行という言葉を削らせているんです．その写真も出ていて，ちゃんと私たちはやりました，嘘の歴史を削ったとアピールしている．

　その中で，群馬県の碑というのは特別な位置にある．なぜなら唯一，群馬県の碑が「撤去」ということになったからです．

青木　言葉を消すのではなくて．

白川　撤去．だから群馬県で本当にこれが撤去できれば，日本中にある30幾つかの碑は全部撤去できて，嘘の歴史が残らなくなる．本当にわれわれの，日本人の誇りみたいな，なんかそういうものがここで実現されるみたいな，そこに向かって頑張っていきましょうみたいな．そんな感じなんです．

松本　そういう保守的な人たちとの争いというか，白川さんは巻き込まれていると思うんですけれども，何かこう積極的に対抗するようなことはされるんでしょうか．そういった事柄とはあまり関わらないようにするんですか．

白川　2016年に朝鮮人強制連行の碑の作品を群馬の県立近代美術館で展示する予定だったのですが，美術館の方で展示できない，撤去してくださいと言ってきた．結局，群馬県が裁判の当事者になっているので，そこの美術館で展示するのはおかしいんじゃないのかということです．そういうことで撤去になったんです．

　よく右翼の方からメールが来たりしないですかとか，嫌がらせがあったりするんじゃないですかとか聞かれますが，全然ないですね．何にもないです．

　インターネット上の掲示板に，白川というのは在日じゃないのかと書かれていましたが，まあそのぐらいでしょうか．別段，僕に対して，具体的に抗議や嫌がらせはありません．

だから僕もべつに，彼らに対して具体的に，こいつらと戦わなきゃいけないとか，そういう感じじゃないんです．群馬県では展示できないけど，鳥取県の県立美術館では展示できましたし．

松本　白川さんは，制度的なところで争ったり，政治的なところで争うよりも，アートの根本の価値観の根っこの部分で表現していて，その上に積み上がっている制度みたいなところでの争いには，そこまで積極的に関わらないのかなという印象です．アートの根っこの部分で表現しているのかなと感じて，すごく面白いなと思っていたんです．

白川　おそらく，たまたま僕が自分から意識してそういう場所に，そういう政治的な論争が行われるところに，自分から出かけていかないからだと思うんですよ．

　群馬県の場合も，表現の自由に関連して「おまえ何で何もやらないんだ」「何でひとこと言わないんだ」といって，結構批判されたんですよ．「おまえなんか，ちゃんとしてないんじゃないか」みたいな．

　でも僕は，表現の自由の問題というのは，日本では戦前から存在している問題で，戦前の問題も解決していない，古くて長い問題だと思っているんです．エロティシズムの問題もそうだし，政治的な問題も大正時代ぐらいから全然変わっていないんですよ．それらの問題について裁判をやってもずっと負けているし．

　表現の自由を獲得するというか，そういう戦いも必要なのかもしれないけど．でも，自分の知っているところで展示すればできるし，それをつくるなと言われているわけではないんですよね．もし「おまえは，そういうのをつくっちゃいけないんだよ」と言って来れば，「ふざけるな」と言うと思うけど，すみません，少し態度が甘いのかもしれないですけど，そんな感じですね．

松本　その地域とか商店街，人々の生活にコミットして，元気づける，力づける，アートの力というのは，どっちかっていうと僕も空中戦のような，権利とかそっちで争うのも，それはそれで大事だけれども，そっちじゃなくても，生活を盛り上げる分には，そっちじゃない方法もあるんじゃないかなというのは感じているんです．白川さんのそういう表現の仕方というのは，地域社会にとっても，たぶん力強く関係していけるのかなと思ったところなんです．

＊アートは記憶をさし出す

白川　社会を変えるというよりも，最初の記憶の問題になるけど，僕はアート作品というのは，ある意味で一つの記憶だと思うんですね．物質化された，あるい

は踊りもそうだろうけど，ある時間，空間の中で物質化された記憶，動きとかもそうだけれども．

　彫刻も絵画もそういう記憶で，それを提示して，それを他の人たちが共有できて，一つの違う記憶をまた上書きするというか共有できる，あるいはそこからまた，その人なりの記憶を取っていってもらえるようなものとして出しているのがアートであったり美術であったりするのかなと思いますね．

　だから，それが社会を変えるかどうかは分からないけど，一つの記憶を差し出すというか，こんな記憶があるよみたいな．

舟橋　記憶の表現活動だというのは，すごく面白い視点だなと思いました．私は素人なのでアートと聞くと，固定化されたものとして，作品としてあるものについてまず考えるのですが，そうではなくて，常に動いていって，それが見る人とか，アートをつくった人とか，地域などとインタラクションして，また変化していくのがすごく面白いなと思いました．

　ちょっと違う話になるんですけど，記憶と地域といったところで思い出されるのは東日本大震災だと思うんです．白川さんの碑についてのお話でもそうですが，記憶をめぐっては，人々の間でせめぎあいがあるような気がしますが．

白川　例えば，震災の時に一本松を残したりとかしますよね．また，彫刻や碑などは一つの公的な記憶に代わるものですね．そういう目印，あるいはそのものじゃないにしても，それがあることで，それをきっかけに思い出させる一つの装置になる．そういうものとしてモニュメントや彫刻があったりする．

　長崎の碑の場合にもそうなんだけど，それをどういうふうに捉えるか，誰がそれを必要としているかというところで，場所や出来事の解釈についてのせめぎあいがある．ここの場所は俺のもんだみたいな，ここの場所にまつわる物語は俺が持っているんだから，おまえじゃないんだというような．悪く言えば，支配者側の人たちは，そういう感じで町の中に銅像みたいなものをつくったりします．ここは俺の場所の，俺の物語の，時間，空間だよみたいな．

　だから碑が建てられたりするときには，絶えずそこにせめぎ合いがあると思うんですよ．朝鮮の人々の碑の作品についても，それを残しておきたいという人と，それは嘘だから残すんじゃないという人たちとの戦いが，その裏にある．

　被災地の場所でも，「いや，ここに建てる」「いや，ここじゃないんだよ．あそこなんだよ」という，それぞれの場所に対して，人々が持っている思いの違いがある．

　普通はそういうものは見えないんだけれども，政治状況が流動化したりすると

現れてしまうわけですね．アメリカでもそうだったし，ロシアでもそうだけれども，例えばアメリカだと，南北戦争のときの碑みたいなものが，今回トランプが出てくると，ひっくり返ったり，倒されたりする．

　碑のようなものは，後世にわたって記録を残すというか，こんなことがあったということを残すために建てられるものだけれども，それも社会状況や政治状況によって，いつでもひっくり返ってしまうんだよね．普通はあまり目に見えないですよ，そういうものはね．

舟橋　インドの話ですけど，ガーンディー（Mohandas Karamchand Gandhi）の銅像は，昔すごく多かったんですけど，今はガーンディーの銅像が減ってきているんですね．ローカルなヒーローやローカルな政治家が出てきたり，それでまた打ち壊されてしまったりするので，おっしゃったようにその時々で，社会状況でも変わっていきますし，正当性みたいなものをめぐって争いがありますね．

白川　結構，ああいうモニュメントというか社会彫刻みたいなところでは，かなりそういうものが表に出てくるというか．一般の人は，彫刻を見たりするときには感じないと思うんですよ．普通のところでは，彫刻というのは一度出すと，ずっと立っているみたいな，そういうイメージだけど，実際はそうじゃなくて，非常に危ういところに本当はみんな立っている．

　上野の西郷さんの銅像も，もともとあったわけじゃない．明治時代に西郷隆盛を殺した側が建てているわけで．そういう社会とか，政治の状況の変化みたいなバランスの上に，本来は立っているものだと思います．

　被災地に建てられる彫刻というかモニュメントみたいなものも，実際は地域の人たちの中の，彼らの記憶のそれぞれのせめぎあいの中にある．この記憶の方がより重要だみたいな，そういうものが反映されていると思いますね．

青木　いろいろと話は尽きないんですけれども，そろそろ終わりたいと思います．最後に小さな質問なのですが，新潟のラジオ局のところに，「なじらね」という言葉が書いてありました．これはどういう意味ですか．

白川　沼垂弁というか，向こうの方言，彼らの中の方言で，何て言うのかな，元気かいとか，挨拶言葉みたいな，そういうやつですよね．

青木　はい，分かりました．沼垂というのも，地名としても独特の響きがありますね．

白川　そうですね，新潟駅のすぐそばにあるんですけれど，『日本書紀』の中に出てくる古い名前です．沼垂というのは．

青木　ああ，そうですか．

白川 沼垂に住んでいる人は，新潟市よりもはるかに自分たちの歴史を昔から感じているわけですよ．ところが近代化していく流れの中で，完全に新潟市の方が栄えていって，沼垂は廃虚みたいな町になった．そういう何か，地域の人の思いというか，新潟市に対する意識とかね，そういうのがあそこにはありますね．明治期のときに，どちらに県庁を置くかみたいな争いもありました．それは群馬県も同じで，前橋か高崎かという戦いがありましたね．山田さんもよく知っているよね，そういうのを．

青木 白川さん，本日はありがとうございました．

（実施日　2021年1月9日）

場所について

山田創平

＊言説空間としての「群馬」

　私にとっての原風景は，一面に広がる桑畑である．私は群馬県で生まれ育った．不思議なもので，30歳以降，日本列島の，あるいはアジアの様々な地域で調査を行い，多くの文章にまとめてきたが，群馬についてはほとんどそのようなことをしようと考えたことがなかった．理由はよくわからないが，それが自分の意識の，深く繊細な部分に触れる実践のように感じていたのかもしれない．だが考えてみると不思議である．なぜなら，群馬の風景や風土は「私自身」ではない．確かに，それらは私の人格や内面に影響を与えてはいるだろう．だが，群馬の風景や風土は言うまでもなく「私自身」ではない．その場所について深く知ることがなぜ，心の深い部分に触れることを意味するのか．

　2018年から2年間ほど，私は群馬県前橋市にある公立美術館「アーツ前橋」のアートプロジェクトである「表現の生態系」に関わった．自分が群馬でアートプロジェクトに関わるということ自体，これまでほとんど想像したこともなかった．このプロジェクトで私自身が作品を展示するということになり，私はほとんどはじめて群馬についてきちんと考え，調べる機会を得た．

　私の方法論はシンプルである．これまでに群馬について書かれた文章を，ジャンルを問わずに広く，そしてとにかくたくさん読むことである．言葉／文章／テキストは，私たちが生活するこの社会をうつす「鏡」のようなものだ．社会は新聞や雑誌，小説，専門書といった形で，文章に「うつしとられ」る．そして今度は逆に，そのようにして書かれた文章が出版され，広く読まれ，

人々のこころや社会の構造を変えていく．その意味において，文章と社会はお互いに影響しあう相補的な関係にあり，「書かれたもの」は私たちの社会や，私たち自身をうつす鏡となる．その量は膨大で，途方もない「書かれたもの」として世界はうつし取られ，その「書かれたもの」によって世界はまた生み出されている．実際，公立の図書館などに行くと，膨大な「書かれたもの」が残されている．それらひとつひとつが，この社会を生きた人々の証言であり残影である．

　だが，ここで私が考えたいのは，そのように書かれた多様で膨大なテキストが，ほとんどの場合，全く読まれず，手つかずの状態にあるという事態である．誰かが後世に残そうとファイリングした自筆原稿や地図，自費出版された書籍の中には，図書室に配架されて以来，おそらく一度も閲覧されていないと思われるものが極めて多く存在している．資料の中には，重要とされ，何度も読まれるものがある一方で，誰からも顧みられない資料もある．「書かれたもの」に対する，そのような「価値付け」の「偏り」は，なぜ生じるのか．それは私たちの社会において，権威や常識，規範がどのように形成されるのかということと，深く関係している．

　現在，私たちが生きるこの社会は近代と呼ばれる．近代を構成する重要な要素が「資本主義」と「国民国家」だ．いま私たちにとって当たり前の「お金」「国家」「社会」のあり方は，せいぜいここ200年ほどの間に人類がつくりだした新しいシステムであり概念であって，長い歴史を持つ，人類にとって普遍的なものではない．同様に「家族」や「性別」「生命」「愛」「自由」といった，近代の"常識"も，長い人類の歴史の中では極めて新しい価値観であり人間観だ．それらの価値観は現在の社会において支配的な「常識」や「規範」となっており，その「規範／ルール」は，知らず知らずのうちに人々を支配する．その支配は，先に述べた，膨大な「書かれたもの」の「読まれ方」にも影響を及ぼし，読まれる資料と読まれない資料という序列を生む．

　例えば「群馬」「伊香保温泉」「榛名山」などについて語る時，典型的で，常識的な語り口，別の言い方をすると今の社会において「好まれる表現」があるように感じる．例えばそれは近代的なレジャーのイメージであったり，温泉の科学的な効用に関する語りであったり，『上毛かるた』のイメージ，すなわち[1]

近代教育のイメージであったり，新幹線をはじめとした経済成長，国土開発のイメージであったり，萩原朔太郎や山村暮鳥などの美しい近代文学のイメージであったりする．これらのイメージは，私たちの社会，近代社会において「よくある」「常識的な」「人々に好まれる」語り口だ．このような，好んで「読まれる」資料がある一方で，誰にも読まれず，じっと数十年の間，ひっそりと書架の片隅にあり続ける「読まれない」資料／文章／テキストが存在する．

　アーツ前橋での展示の構想を練っていた期間，私は時間の許す限り，多くの資料に目を通した．近代以降（ここではおおよそ幕末以降），「群馬」「伊香保温泉」「榛名山」などについて書かれたテキストを，ジャンルを問わず，とにかく読んだ．そして気づいたことがあった．それはこれまで，どの地域について調べた時にも抱いた感想と同じであるが，この地に関する記述の，驚くべき多様性である．

　私はその「多様性」に目を向けたいと思っている．近代的な規範や常識において，切り捨てられ，忘れられた言葉を再評価し，そこに光をあてる必要がある．そこにはおそらく，現在の社会を俯瞰し，批判的にみる視点が存在する．そこにはきっと，そしてすでに，これからの社会を構想する重要な視点があるはずなのだ．

　近代資本主義社会は現在，新自由主義と呼ばれる競争的色彩を帯びた新たな段階へと立ち至っている．社会の格差や不平等は今までになく拡大している．しかし市民も黙ってはいない．不公正な社会に異議を申し立てる直接行動が，今日，世界各地で発生している．2011年のウォール街占拠運動にも，ここ数年間に起こった香港やフランスでの抵抗運動にも，現在の社会や世界に対する根源的な「問い」があるだろう．それは人間という存在が普遍的に持つ「尊厳」を，いとも簡単に奪う社会に対する異議申立てである．そこで求められているのはジェンダーの平等であり，セクシュアルマイノリティ（性的少数者）をはじめとした多様な性自認や性的指向の権利擁護であり，人種・民族・国籍といったカテゴリによる差別を無くすことであり，政治的自由をまもることであり，最低賃金の上乗せやベーシックインカムのような，公平で公正な新しい経済システムであり，市民連帯法やパートナーシップ制度をはじめとした，「近代家族」に代わる新たな人間関係の模索である．私は「群馬」「伊香保温泉」「榛名

山」などについて書かれた，多様でラディカルなテキスト群の中に，これら，今日の世界的な動向の淵源を見る．現在世界で起こっている動きは，あるとき突然海外で起こったことではない．それは世界中で，極めてローカルに，草の根で，そしてもちろんここ群馬でも，はるか過去から，多くの人々が考え，試みてきたことなのだ．この場所で生き，徹底的に考え，命を削るようにして言葉を書きとめた人々がいたこと．そこで書かれたテキストを，常識にとらわれずに集め，読むこと．その経験を通して，日々の地道でローカルな営みの中にこそ世界を「触発」し「変容」させる契機があるのだと知ること．私は自らの作品で，いつしかそのようなマニフェストを考えるようになった．

＊異形の記述

1892年（明治25年）から翌年にかけて松原岩五郎により国民新聞に連載された『最暗黒の東京』が，1981年に久保田芳太郎によって編集され，出版された．この書は東京とその近郊で著者が実際に見聞きした事象を書き綴ったルポルタージュであり，現在は岩波文庫に採録されるなど，名著の誉れが高い．そこに「上州伊香保の宿」の事例が取り上げられている．その記述はまさに異形の記述と言う他ない．

> 而して此の下層にまた下層あり，さて其の最下層という処は如何なる有様にて，かつ何人の住する処なるかと見るに，まず其の家は酒屋，蔬菜屋，荒物屋等下層の家の床下五尺ばかり穿ちたる穴窖にて出入梯子をもってするべく，三尺の出入口は即ち天井の窓にして往来人の歩行する処なり．（中略）茲を最暗黒の世界にあらずとする者あるべからず．而して此等土窖中に眠食する者，元来，如何なる種類の人なるかと見るに，いずれも皆盲膏あるいは唖聾等の痼疾ある癈人にして，多くは彼れ浴客の余興の活計する座芸者，笛，尺八を吹く者，琴，三味線を弾る者の外は，みな揉療治按腹の輩にして鍼治，灸焼をつかさどる者の類なり．今ここに其の癈疾を物色すれば，或いは躄あり跛あり，馬鈴薯大の贅瘤を頭上に宿して眼を蠣の如くに潰したる大入道，短身龜背の小入道，痘瘡のために面躰を壊し

たる瞽女，座上につねに拳をもって歩行する足萎者，象皮病者，朱儒，こ
れ等の者一窖内に五人ないし七八人，嗜好を共にして同住す．（中略）喫了
すれば即ち，器皿を払拭して之を庫裏に収む．かつて洗滌することなし．
居常蒙塵芥埃掃くなく，醜蟲網窠し木芽萌出し，あるいは湿気浸透して苔
蘚氈蒸，黴菌群生す（松原岩五郎，神郡周（校注）『最暗黒の東京』現代思想社，
1981年（原著は1893年），114-118頁）.

「上州伊香保の宿」は現在の群馬県渋川市伊香保町にある伊香保温泉街のこと
である．筆者は，伊香保温泉街に程近い町で生まれ育ったため，伊香保温泉街
の立地には詳しいが，上記のような状況を見聞きしたことはまったく無かった．
学生時代に『最暗黒の東京』での，この伊香保の記述に触れて以来，事あるご
とに温泉街とそれにまつわる人々の歴史について文献を探し，当時のことを少
しでも知る人々から話を聞いてまわった．アーツ前橋での展示準備中も温泉旅
館の関係者や郷土史家など複数の方々にインタビューを行った．だが，だれも
この記述を知らなかったし，ここに書かれたような事実も聞いたことがないと
いう．完全な創作なのか，あるいはこのような事実自体が，完全に忘れ去られ
たのか，未だに判然としない．だが，地域について調べているとこのような出
来事（信じられないような記述があり，だが現地の人々はもう誰もそれを知らないというこ
と）は珍しくない．群馬に関する調査の間も，私はしばしばそのような経験を
した．例えば次の記述である．

水に神秘を感ずること多きこの村では魂呼びを井戸に向かって行う実修を
もっていた．人の臨終に逢うと，村人は井戸の中に向かって死者の名を懸
命に呼び，死者の魂がもとの肉体に早く帰るようにという魂呼び戻しの儀
礼である．そのあと隣り組が鎮守さまに裸足でお百度まいりする．新井地
区で明治二十七年生まれの細井茅さんは明治末から大正にかけて，二，三
度この経験をもっていることを語っていた．（群馬県教育委員会『榛東村の民
俗』1964年，4頁）

長い間病んでいて死ねない人は，寺からお土砂というものを貰って来ての
ませると，まもなく死んだ（六～七区）．（群馬県教育委員会『榛東村の民俗』1964

ここに出てくる榛東村は私の母，祖母が育った場所である．この淡々とした文章から感じる，人間存在に対しての「激しさ」が印象的である．この地はいわゆるジラード事件で知られるが，それらの風習や出来事をもってしてなお，この地のもつ「激しさ」は十分に語り得ないように思う．それが，関東平野を一望するこの地の帯びる「地霊」である．鈴木博之は著書『東京の「地霊」』(1990) の中で次のように言及している．

> 土地の歴史という視点は，「地霊」という概念に，あるところまでゆくと突き当たる．地霊とは，「ゲニウス・ロキ」という言葉の訳語である．「ゲニウス・ロキ（Geniusloci）」とはラテン語である．この言葉のうち，「ゲニウス」という語は，本来の意味としては，生む人，それも特に父性を示すものであったという．この言葉がやがて人を守護する精霊もしくは精気という概念に移行し，さらには，人に限らずさまざまな物事に付随する守護の霊というものにまで拡大して用いられるようになった．「ロキ」というのは「ロコ（loco）」あるいは「ロクス（locus）」という言葉が原型で，場所・土地という意味である．つまり全体としては，ゲニウス・ロキという言葉の意味は土地に対する守護霊ということになる．一般にこれは土地霊とか土地の精霊と訳される．しかしながら，それは土地の神様とか産土神といった鎮守様のようなものとは考えられておらず，姿形なくどこかに漂っている精気のごときものとされるのである．ゲニウス・ロキとは，結局のところある土地から引き出される霊感とか，土地に結びついた連想性，あるいは土地が持つ可能性といった概念になる．（鈴木博之『東京の「地霊」』文春文庫，1990年，4‐5頁）

　別の資料に目を転じてみよう．現在，群馬は保守王国と呼ばれ，党派的には自由民主党が強い．だが地域の系譜をたどるとき，反体制的な言説に多く出会うのもまた事実である．文学者，伊藤信吉は自らが共産主義，社会主義に傾倒していったその様子を描き出す．伊藤の記述にもまた，この地の人々の「激しさ」を感じる．

前橋出身の高畠素之が大正十三年にマルクスの『資本論』全訳という歴史的な仕事をしたのに，しだいに国家社会主義へ移っていったことに私なりの反撥があったのではないかと思う．それならば私は『資本論』を読んでいたか．読んでいはしない．この点もまるで無茶だ．私は社会主義を勉強したのでも同調したのでもなく，永井さんという人に同調していたのだ．……私はこの人のその後の運命を，影を思うような思い方で，時たま思い出す．県庁勤め，結核らしい青白さ，無政府主義者らしい雰囲気．（伊藤信吉『回想の上州』1977年，44頁）

近藤広蔵について，そのとき私はどれほどの資料を持っていただろう．おそらく資料は貧弱だった．利根橋のそばの近藤広蔵の家——社会主義者の家だということ．震災で殺されたということ．……大震火災の混乱にまぎれての虐殺は，まず在日朝鮮人におそいかかった．群馬県下にまで虐殺の手は及んだ．（筆者注：文中の震災は関東大震災．利根橋は前橋市内の橋）（伊藤信吉『回想の上州』1977年，58頁）

群馬という場所の持つある種のアナーキズムについては，白川昌生さんとのトークセッションでも触れた．そこでは侠客の国定忠治や，近代初期の徹底した個人主義者，萩原朔太郎について語られたが，群馬に関する記述をたどるときに感じるもうひとつの文脈が「国際性」「東アジアとの関係」である．私は「アナーキズム」と「国際性」「東アジアとの関係」との間に連続性を感じる．それは狭隘な社会や既成観念に収まることのできない，この地の持つ「激しさ」である．

　白川昌生さんはかつて「朝鮮人強制連行追悼碑」をテーマにした作品をつくっている．この碑をめぐって，日本会議などとの間でおこった一連の出来事は，いわゆる日本社会における「保守」の堕落を象徴しているように思えてならない．群馬を代表する歴史家の一人，尾崎喜左雄は，「群馬」や「榛名」の漢字表記は，そもそも古代朝鮮語によるものだとしている．

いずれにしても n 音と r 音との混乱があり，漢音の「ん」を，南朝鮮では「r」であらわしている．「群馬」，「駿河」「敦賀」「播磨」「平群」「榛名」

も同様であり，「くるま」,「するが」「つるが」「はりま」「へぐり」「はるな」に，「群馬（音読ぐんま）」,「駿河（音読すんが）」「敦賀（音読つんが）」「播磨（音読はんま）」「平群（音読へいぐん）」「榛名（音読はんな）」の漢字をあてている．「榛名」にはなお問題があろうが，他は八世紀はじめにあてられたものであり，漢字の「n」音を「r」音で受けとめているものが，その作業に当たったものであろう．してみると，右の作業は南朝鮮からの来住者の手によって成されたものと考える．（尾崎喜左雄『上野三碑の研究』1980年，308-309頁）

また歴史家の松田猛は，いわゆる上野三碑について以下のように指摘している．

自然石を用いた碑は，中国では例を見ないが，古代朝鮮では統一新羅時代に至るまで多くの例がある．主なものとしては，新羅真興王の巡狩碑の中の昌寧碑南山新城碑などがあり，山ノ上碑や金井沢碑の形態もこのような朝鮮の古碑に起源が求められ，東アジアの中での文化の交流を認めることができる．（松田猛『上野三碑』2017年，123-124頁）

自らの歴史的出自を忘れ，その源を他者化し，差別するという事例は歴史上枚挙にいとまがない．白川さんは歴史について，史実の隠蔽や歴史の捏造を，碑をテーマにした作品で告発すると同時に，「駅家の木馬」では自ら歴史を捏造する．現代社会における歴史認識の欺瞞を，合わせ鏡のように描き出すのだ．

＊おわりに

どの場所に行っても感じることだが，場所は根源的に「静か」である．そこでは全てが過去であり，過ぎ去っている．この場所で悩み，心を動かし，生き抜いた人々がいたのだということ．今は静かで穏やかだが，かつてこの場所には様々な人がいて，無数の感情の発露があり，いろいろなことを考え，感じ，生きていたのだということ．そしてそれは，この場所に存在した人の数だけあるのだと言うこと．それはあまりに当たり前のことではある．

だが実際にテキストを通して，その声をひとつひとつ聞くなかで，いや増す

思いがある．それは，今私は，間違いなく死者の声を聞いているという感覚である．それは「聞かれなかった」声である．それを聞いている．そのプロセスの中で，私は癒され，赦される．場所と向き合うというのは，そういうことだと私は思っている．

注

1）『上毛かるた』は1947年に財団法人群馬文化協会が作成したかるた．群馬県内の名所や著名人を題材として作成され，現在に至るまで県内の小中学校で教材として利用されている．

2）1957年，群馬県群馬郡相馬村（現在は榛東村）で米国籍軍属が地元の女性を射殺した事件．

Chapter

4

出会いの到来を待つ技法

——日本・イタリア・精神障害・演劇——

なれあいを共感で内側から破る

くるみざわしん

　実は今日は，人前であまりしゃべらないことをしゃべろうと思っているんです．どうしてかというと，青木さんからお話をいただいて，「アートにより大学を包摂的社会の拠点に」というテーマを見たときにちょっと痺れたんですね．ああ，これはいいな，そうでないといけないなと思ったんです．今が，このコロナ禍の真っ最中だということもあったかもしれません．

　このテーマでちゃんと話すなら，自分の創作の原点のようなことも話したほうがいいなと思ったので，今日は，ちょっと思い切った内容もしゃべります．うまくしゃべれるか心配なんですけど，至らない点は後半のディスカッションで補っていただけたらと思います．

＊日本の精神医療の現状

　最初に，私が身を置いている，演劇と精神医療の現状がどういうものなのかを共有しておきたいと思います．

　まず，日本精神病院協会です．この協会は，日本にある精神病院が集まってつくっている団体で，精神病院の利益のために活動している団体です．その現在の会長が山崎学さんという人で，2020年12月号の日本精神病院協会の会報『日精協誌』の「巻頭言」にこういう文章を載せています．「最近多くの現場で起こっている，女性の占める割合が少ないから特別枠をつくるといった風潮（日本精神神経学会しかり）には抵抗があり，自立している女性に対してむしろ偏見に近い気がしている」．

　これは，ついこの前，東京オリンピック・パラリンピック組織委員会の会長の森喜朗さんがした発言と同じ主旨です．女性の数が会議で増えると困るということを，山崎学さんは病院の協会誌の巻頭言に堂々と書いている．女性の役員の数を増やそうとする日本精神神経学会の姿勢に異を唱えて，圧力をかけている．山

崎さんの巻頭言での問題発言はこれが初めてではありません．2018年には「精神科医に拳銃を持たせてくれ」という部下の精神科医の発言を引用して，肯定的に評価しています．この数年間，このように『日精協誌』の「巻頭言」に山崎さんの問題発言が掲載される状態がずっと続いている．ところがいつまでたっても改善されない．

　これが日本の精神医療の現状を示しています．精神医療は劣化して悪くなるばかりです．私は医者になって25年が経ちましたが，医者になった当初は日本の精神医療はこれからは人権の尊重がゆきわたり，良くなってゆくと思っていたんです．ところが少しも良くならない．その現われのひとつが，山崎氏の巻頭言だと思います．

　この山崎さんは会議で女性の割合を増やすことは，自立した女性に対する偏見だと言っています．自分たちこそが女性を理解している．女性を認めているんだという態度を取っていますが，詭弁ですね．自分をおびやかさない，都合のよい存在だけを認めて，それを「自立した女性」と呼んでいる．「自立」の意味を捻じ曲げています．こういう論法をハラスメントをする側はよくしますが，それを，ハラスメントを防ぐのが職務であるはずの精神科医，それも精神病院の組織のトップが協会誌の巻頭言で臆面もなく展開している．これが日本の精神医療の現状です．

　もうひとつの演劇のほうなんですけど，最近になってようやく演劇の現場でのパワーハラスメントやセクシャルハラスメントが明るみに出るようになりましたが，強い立場の人間，例えば劇団の主宰者や演出家，先輩などが弱い立場にいる人間に稽古や指導と称して，自尊心を傷付け，貶めるようなことを言ったり，やったりすることが続いています．根本的な変化はまだ起きていません．ですので，今から「アートにより大学を包括的社会の拠点に」というテーマで話す私のアートの現場の二つは，「精神医療」も「演劇」も包括の拠点にはほど遠い．信頼に値するものなのかどうかも実は怪しい．疑ってみる必要がある．そのことを最初に共有しておきたいと思います．

　それで，私の話になるんですけれど．『精神病院つばき荘』という私が書いた作品を2019年に新宿で上演した時，チラシに載せた文章の一部を御紹介します．書き出しの一文です．

　「精神科医には，クリーンとダーティの二種類があって，君らは残念かもしれへんけど，ダーティのほうに行くわけや」．これは，私が精神医療になった時に先輩の精神科医から言われた言葉です．

そう言われて，当時は意味が分からなかったんですけれど，なんとなく面白くて笑っちゃったんですよ．クリーンとは何か，ダーティが何を指すのかわからないまま，その言い回しに笑っていました．

　皆さん，分かりますか，クリーンとダーティ．クリーンはきれいで，ダーティは汚い．君らは汚いほうに行くと先輩は言いました．汚いほうに行くとはどういう意味なのか．その場で説明はありましたけれど，頭でわかっただけでした．精神科で働いてみて，このダーティとクリーンの違いがつくづく身に染みました．

　汚いほうに行くっていうのはどういうことかというと，精神病院で働いて，患者さんを無理やり入院させ，無理やり薬を飲ませ，注射し，隔離室に入れて扉に鍵を掛けて閉じ込め，ベッドに縛り付けて拘束する．そういう仕事のことです．人権を侵害する仕事ですね．精神科医になった時に私は，それをこれから君たちはやるんだよと言われたんです．

　ではクリーンというのはどういうことかというと，入院施設のない病院やクリニックで，無理やりをしないでもすむ患者さんの診察だけをして，人権侵害をするような仕事をしない精神科医のことです．クリーンですね．そういう人たちも実際にいます．

　ところが，私は先輩から「ダーティに行くわけや」という言葉を浴びて，確かにその通りになっていきました．神戸で働き始めたのですが，精神科医として働き始めたのは，1月に阪神淡路大震災があった年の5月で，世の中はオウム真理教で大騒ぎでした．ご存じないかたもいらっしゃるかもしれませんが，オウム真理教はカルト教団で，入信した出家信者さんたちが共同生活をするサティアンという施設がありました．当時，私は神戸大学の精神科に勤めていて，病状のよくない入院患者さんの腕を抱えて，隔離室という鍵のかかる部屋に連れていく時に，「ここは，オウムのサティアンか」って患者さんから言われたんですよ．

　それを聞いて私は否定できなかったんです．その患者さんがそう叫ぶのも当然に思えた．法律に基づいて医療としてやっていますけど，オウム真理教がやっていることとどう違うんだろう．同じとは思いたくないけれど，だまして閉じ込めているのは同じじゃないか．違うとしたらどこがどう違うのだろう．これは精神医療の本質を問う問いなのですが，その答えをじっくりと考える余裕がなかった．

＊劇作を始めた経緯，芸術の力に動かされて

　職場は変わりましたが，そのまま精神科医として働き続けて，つくづく嫌に

なった．人権侵害をしながら，医療をしなくちゃならないっていうのが，もう本当に，骨身に応えるほど嫌になりました．大きな転機になったのが，今から10年前，2011年の東京電力福島第一原子力発電所の事故でした．あの事故のあと，たくさんの科学者の人が専門知識を使って嘘を言いましたね．事故の実態と原因とその後をごまかした．それを見ていて，自分もあの人達とあんまり変わらないと思ったんですね．精神医療の現状がひどいことを知っていてそのままにしている．

　それで，もう駄目だと思って．それで，お芝居を書くようになったんです．もともと書いていましたけど，本気で精神医療のことを書いてみようと思った．

　精神病院も原発と同じように国策として始められています．1964年に駐日アメリカ大使のライシャワーさんが精神科に通院歴のある19歳の男性に刃物で刺されるという事件がありました．この事件をきっかけに精神病患者の隔離収容政策が国策として始まったんです．「精神病者を野放しにするな」という主張がおおっぴらになされました．精神病院が収容を目的とし，治療と称して人権侵害がまかりとおる原因はこの出発点にある．多くの精神科医はそれを知りながら，何もせず，それをよしとして働いている．私もその一人で，問題の所在を知りながら，何もしないで働いていました．でももう，間違った国策で始められた精神病院はなくさないといけない．精神病院は，もう，いらないと人に伝えて，納得してもらえる作品を書きたいなと思ったんです，心から．

　それで，『精神病院つばき荘』という作品を書きました．書き上げるのに 3 年ぐらいかかったかな，少しずつ少しずつ書き進めて．で，書き上げたときに，自分で読んでみて，納得できて，ああ，これでいい，と思って，上演もせず，そのままにしていたんです．精神科医としての働き方も少しずつ変化してゆきました．そんななかで時々思い出して，満足していました．そうしたら，東京のトレンブルシアターという劇団の方がこの作品を上演したいと声を掛けてくれて，2018年の12月に上演されました．

　新宿ゴールデン街シアターという小さな，お客さんが40人ぐらいしか入らない劇場で上演したんです．全部で 7 回の上演でしたから観に来てくれた人は300人弱です．

　上演ができただけで満足だったんですけれども，実際に上演してみたら，反響があったんです．たまたまこの週末に病院地域精神医学会の本大会が東京で開催されていて，各地の精神医療関係者が東京に集まっていました．そのなかの何人かが観に来てくれて，このお芝居を自分の住んでいる地域でも上演して，仲間に観てもらいたいからと公演を企画して，呼んでくれたんです．翌年の夏に沖縄と

京都で上演しました．演劇鑑賞会の方からも声がかかり，静岡県の伊東市でも上演しました．

沖縄では客席が300ぐらい，京都では400ぐらいの劇場だったんですけど，たくさんお客さんが来たんです．それまでは40席とか，50席ぐらい，多くても200席ぐらいの劇場でやっていましたので，たいへんな違いです．

たくさんの人に観てもらうことだけに価値があるわけじゃないですけれども，その場にいてわかりました．お客さんのほぼ全員が心を動かしているのが，その場に立ち会ってみて，包まれている感じがしました．作品が放つものが，人に伝わって，それがこちらに返ってきて．自分が，なんというかな，楽になったというか，すごく強かった孤独感が急速に小さくなったんです．信じられませんでした．

今回のテーマである「包摂」という言葉で思い浮かぶのはこの時の私の体験です．何に包まれたのかを言葉で記述するとものすごくたくさんの文字が必要でしょう．記述しきれないかもしれない．でも，私は確かに包まれていた．精神病院に勤めて納得のいかない仕事をしていた個人的な体験がこういう展開を生むとは思ってもみなかった．それまでも信じていなかったわけではありませんけれど，演劇，芸術の力を確かに信じていいと思えた．大学にもし包摂の拠点となり，アートがその役に立つとしたら，私の経験が参考になるかもと思います．意に沿わない経験をしてきた人が身を寄せ，交流して，知識や技術を養う場になれば自然に作品は生まれ，包摂が起きるのではないでしょうか．

私の場合，精神病院はいらない．もうなくそうということを職場で精神科医として発言しても実りは少ない．すぐに論争になって，じゃあどうするんだという反論が返ってくる．考えるための余裕は生まれない．仕事に支障がでる．自分たちの職場，職業を否定していると取られて，迷惑がられてしまう．それならまだいいほうで，職場で言っても，周りからは「ふうん」という返事もない．できるわけがないと思っている．ところが，劇作家として脚本を書き，演劇作品として提示したら反応は違う．

これだけの人が観に来て，考えて，様々な言葉を返してくれる．精神科医も観る．観た人同士のつながりも生まれる．演劇という表現方法に興味を持つ人もいる．このお芝居「精神病院つばき荘」は，その後も，うちでも上演したいという人が現れて，コロナで中止になってしまいましたけど，去年（2020年）の夏には岡山，長野，大阪で上演する予定でした．その後，2021年8月に神奈川精神医療人権センターの一周年記念イベントで上演され，その様子は同センターのホームページに詳しく紹介されています．

＊かけがえのない出会い
──中井久夫さん，安克昌さん，成田善弘さん──

「包摂」を実感した経験をお話ししましたが，そこに至る私の経験を時間をさかのぼってお話してみたいと思います．私は長野県の山のなかの生まれなんですけど，小，中，高を振り返ってみると残念ながら包摂されていませんでした．先生と親しくなりたい，話をしたいという気持ちはありましたが，こころを開いて話の出来る先生，大人には出会わなかった．

大学に進学して長野県を離れ，工学部に入ったんですけれど，ここでも包摂されなくて，次に医学部に行き直しましたが，そこでも包摂されなかった．

どういうことかというと，月並みな表現ですが，役に立つ歯車になることを，小中高大学とずっと一貫して求められていた．工学部ではエンジニアとして企業で働けるようになることを求められていて，これじゃあいけないと思って，医学部に行ったんですけど，医学部では工学部以上に，求められる役割をこなす医師になることを目的に教育されました．

当時のことを思い出すと本当に悲しくなります．全然でした．当時は今よりもさらに未熟でしたが，未熟な私なりに演劇や文学に興味があったんですけれども，そういう興味を持っていては生きてはいけないなということを学ばされていた気がします．そのエピソードは幾つもあるんですが，それを話すと時間が足りなくなりますし，泣き言になりそうですので言わないでおきます．でも，そういう泣き言を言える場所が大学にあれば「包摂」の拠点になるだろうと思います．泣き言を肯定的に評価する人は今も昔も少ないように思います．大学時代に，泣き言を創作の力に変えるような場所が私にはありませんでした．創作の力があるかどうかもわからず，求めようとする気持ちさえ失っていました．

医学部を卒業して，精神科医になるのなら中井久夫さんのもとで学びたいと思いましたので，中井久夫さんのいる神戸大学に就職しました．中井久夫さんをご存じでしょうか，精神科医として優れた仕事をしているだけでなく，翻訳家で，精神医学の専門書だけでなくギリシャの詩の翻訳者としても知られています．絵画を用いた精神療法，心理検査を考案し，実践する精神療法家でもあります．こころとは何なのかを知識としてではなく，体験として感じさせてくれる人でした．ひとつだけエピソードを紹介しますと．

中井さんが書いたり，翻訳した本を持って行って，「サインしてください」っ

て差し出すと，本を開いて中表紙に「くるみざわしんさんへ」と書いて，その横に短歌を書いてくれることがあるんです．斎藤茂吉とか，藤原定家の短歌でした．で，その短歌が私のそのときの心情にぴったりなんですよね．返された本を手に取って，名前の横に添えられた短歌を目で追って読むとこころのまんなかに短歌が飛び込んでくる．少し怖いです．こころとこころが出会うとはこういうことなんだと教えられました．短歌というものの神髄を教えらえる．昔はこうした歌のやり取りが当たり前に行われていたということに納得がいく．

　こんなことができるのは，精神療法家としてのセンスだと思います．中井久夫さんに治療を受けると，たぶんこういう体験を繰り返していくんだろうなと思うんです．まさに「包摂」ですね．そういう状態を言葉や絵などの芸術的手法を使って作り出せる人です．

　もうひとつ，紹介したいエピソードが思い浮かびました．1年目の研修医の私に中井さんから年賀状が届いたんです．私が一人で住んでいる神戸の下宿に，医者として半人前の私のところに，教授の中井久夫さんから年賀状が届くなんて，なにかの間違いじゃないかと思ったんです．返事もどう書いたらいいかわからず，そのままにしていました．おかしなこともあるものだと思っていた．ところが，数年後に神戸大学の先輩の精神科医が教えてくれて分かったんですけど，精神科医は自殺が多いんですよ．理由はいろいろ考えられますが，いろんな科があるなかで精神科医はよく自殺する．自殺までゆかなくても精神的に孤立して，具合を悪くする人が少なくない．

　中井久夫さんは「患者さんに年賀状を出しなさい」と私たちに勧めていて，それは患者さんをサポートするためになんですけれど，中井さんは患者さんにするのと同じことを私達研修医にもしていたんです．自分が教授をしている間は教室から自殺者を出さないと決めていた．そのために手間をおしまない．これも包摂ですよね．実際に中井さんが教授をしていた時期に教室の精神科医はひとりも自殺しなかったそうです．無責任な大学教授にその後何人か出会いましたが，中井さんとの差は歴然でした．その違いがわかったのも中井さんのもとにいたおかげです．包摂された経験がないと，包摂されないのが当たり前になってしまい，包摂を求めないひとになってしまう．当時の私がその状態だったんだろうと思います．

　もう一人，神戸大で私を包摂してくれた人の一人として安克昌さんのことをお伝えしたいと思います．安克昌さんは私が研修医だった時の指導医で，大学院での指導教官でした．私は安克昌さんのもとで学ぼうと決めて大学院に入ったわけ

です.

　安克昌さんは短いフレーズで勘所をここぞという時にぱっと教えてくれる人でした.　私は安克昌さんの言葉を幾つも覚えています.　今でも時々,思い出す.　私が神戸大学の精神科の病棟で働き始めた時,安克昌さんが「ここは,虎の穴や」って言ったんです.

　「虎の穴」を御存知でしょうか.　1960年代のアニメ『タイガーマスク』に出てくる,悪役レスラーを育てる養成所ですね.　離れ小島にあるんです.　私が精神科医になった1年目は1月に阪神淡路大震災がありましたから病棟の外は震災の影響がまだまだ続いていた.　区役所に行くと受付のロビーの床に蒲団があって寝泊まりしている人がいました.　そして神戸大学の精神科の病棟にはなかなか病気が治らない,治療が難しくて回復が前にすすまない患者さんが何人も入院していました.　毎日毎日へとへとになって働いて,先ほどお話したダーティな仕事を一生懸命していたわけです.　それを悪役レスラーの養成所にたとえて「虎の穴」と呼ぶ.

　アニメの『タイガーマスク』の主人公は「虎の穴」を出た後,悪役レスラーをやめて,フェアプレイのレスラーになり,裏切り者として「虎の穴」から命を狙われるようになります.　敗戦後の日本でこのアニメが作られた意味は意外に大きいと思います.　安克昌さんが「ここは虎の穴や」と言ったのは半分はジョークですが,半分は真面目だったと思います.　君は悪役レスラーの訓練をうけている.　タイガーマスクになるかどうかは君次第だよ.　ここで経験を積んで,技術を身に付けて,それをどう使うかは君にかかっている.　そういう厳しいメッセージでした.　中井さんとはまた違う包摂ですね.　先輩として共に現場にいて,先輩には見えているけれど後輩にはまだ見えていないことを言葉でささっと教えてくれる.　時には明確な指示がある.　現場にこういう人がいるとこころ強いですね.

　精神科医になって最初の3年間について安克昌さんはこんなふうに言っていました.　1年目は「生き延びることや.　仕事できへんでもいいから,とにかく1年間辞めないでいたらそれでええ」.　2年目は「先輩の鼻を明かすことやな」.　3年目は「民間に出て闘え」.

　私も精神科医になってみて驚きましたが,1年目で働けなくなってしまう新人が毎年一人はいました.　研修医は1年で5から8人ぐらいですから,かなりの高率ですよね.　辞めないで生き残るという目標は現実的で生々しかった.　ちゃんとやらなくてはという思いが強かったんですが,安克昌さんの言葉で,精一杯ハードルを下げていいんだと思えました.

2年目の「先輩の鼻をあかす」は成功体験を積みなさいという助言だと思います．確かに，2年目になると，先輩たちが上手に治療しなかった患者さんを引き受けて，あっと驚くような展開で患者さんの回復が進んだりする．私も多少経験しましたが，自分でも驚くし，周りも驚く．鼻高々の天狗になってそのあと苦労する場合もありますが，成功体験がないと仕事の面白さ，やる気を得られない．そうなると仕事を続けられない．先輩医師の立場からすれば，若い医師の成功体験を尊重して大切にする姿勢が必要で，それが包摂のコツだと思います．花を持たせてあげる．なのに横取りして搾取するようだと包摂の逆ですね．包摂の拠点ではなく，搾取の拠点になってしまう．そうなっている場所が病院や大学以外にたくさんある．

　3年目の「民間に出て闘え」は，当時は研修は2年間でしたから，3年目は民間病院に出るんです．民間病院は公立や国立とは違い，剥き出しの営利追及です．金がすべての世界ですね．今日の最初にお話した，山崎学氏が会長をしている日本精神病院協会の傘下にある精神病院に3年目から働くことになる．「そこで闘うんや」と安克昌さんに言われました．ダーティが横行している職場ですから，「そうか，闘うんだな」と私も思って，闘ったんですけれど．負けたというか，駄目でした．それでもここでこうしてお話できて，しぶとく精神科の業界に踏みとどまっていられるのは，安克昌さんの辛口の言葉に支えられているからです．

　もう一人，私を包摂してくれたのは成田善弘さんです．成田さんも精神科医で名古屋にお住まいでした．精神科医になって7年目か8年目の頃，私は大阪から名古屋へ，1年目は2週に一回，2年目は毎週通って成田さんにスーパービジョンをしてもらいました．スーパービジョンというのは面接の訓練です．自分がした面接の記録を持っていって報告します．45分から50分かけて，自分の面接の様子を聞いてもらう．成田さんは丁寧に丁寧に聞いて，丁寧に丁寧に問いを返してくれるんです．

　皆さんは経験あるかどうかわかりませんが，私はそれまでそういう経験をしたことがありませんでした．45分間，話を丁寧に聞いてもらうという経験です．ああ，話を聴いてもらうとこんなに楽になるのかと驚きました．

　それを，2週に一回，あるいは毎週経験してゆくと，こころの中に残り，場所を占めるようになる．こうして成田さんの話をすると，成田さんに話を聴いてもらった部屋とか，座っていたイス，なにより私の話を聴いている成田さんの表情やたたずまいを思い出して，まるで成田さんの目の前にいるような気がするんです．これは先ほど話した安克昌さんの言葉が私に与えてくれる支えとは違う形で，

私を支えてくれていると思います．これが数年にわたって定期的に話を聴いてもらうことの効果ですね．話を聴いてもらうという日常的には得難い体験を繰り返す．また話を聴いてもらう機会がこの先にあるという見通しを持った状態を過ごすことによって得られる落ち着きのようなものですね．こころの内側にイメージが定着することを「内在」と言いますが，成田さんの雰囲気，物腰が私のこころに残り，内在しています．これが面接というものの効果なんだろうと思います．成田さんの個性はもちろんありますけれど，面接という確立したメソッド，手法の持つ力が「内在」を実現しているのだと思います．

　今日のテーマにあるように，大学を包摂の拠点にするのであれば，聴く力は必須ではないでしょうか．包摂のエッセンスは聴くことにあるような気がします．聴いてもらい，理解される，その理解を言葉などで返してもらって，本人が本人を理解する．その繰り返しが包むこと，包まれることであり，ひとまわり大きな枠組みの中に身を開いてゆくことだと思います．

　成田さんとのスーパービジョンは不思議な終わり方でした．私は成田さんを相手にその場で浮かぶ思い付きを好き勝手に話すようになったんです．指導者に対してそんな態度を取ったのは初めてでした．で，もうスーパービジョンはいらないと思ったら，成田さんが「もういいんじゃないの」と言い，終わったんです．

＊慣れと親しみに縛られない言葉

　成田さんのところに通うのをやめた私は演劇を学ぶようになりました．それまで，精神医学の学会や研究会に熱心に通っていたんですが，さっと熱が引いて，ほとんど行かなくなった．そして，東京の，つかこうへいさんの戯曲塾に2年間通い，そのあと兵庫県伊丹市のアイホールという演劇専用ホールがしていた北村想さんの戯曲塾に通いました．理系でしたから，それまで文学や社会学，歴史，民俗学などの人文科学の専門的な授業を受けたことがなかったのですが，あちこちの講座にも通うようになりました．

　精神的な健康を取り戻すと，抑えつけられていた好奇心が息を吹き返すんですが，それが自分の身に起きていたんですね．大学時代には感じたことのない学びへの意欲に動かされていろんな講座を受講し，友人が増えました．

　そのなかのひとつが大阪文学学校です．在日の詩人，金時鐘さんに出会いました．金時鐘さんは大日本帝国が侵略した朝鮮で日本語教育を受け，皇国少年として育ちましたが，自分を作り上げている日本語を，植民支配によって失われた自

らを取り戻すために，その身から剝ぐようにして詩を書いています．日本語をは
ぎ取るために日本語を使う．そうして作り上げられた金時鐘さんの日本語は，私
がこうして話している日本語とは別のものです．私達は身に慣れ親しんだ言葉と
して日本語を使い，互いの慣れ親しみを確認するために言葉を使って平気でいま
すが，金時鐘さんの日本語は違います．慣れ親しみを拒み，言葉の論理を優先し，
その論理に貫かれた日本語です．在日の金時鐘さんがその日本語を使いこなす．
そんなふうに日本語を意識的に使う人に初めて私は出会いました．慣れ親しみの
確認を拒否するわけですから，包摂の逆のように思われるかもしれませんが，私
には金時鐘さんの日本語がたいへんに気持ちがよかった．普段よりも何倍も深く
息ができる．慣れ親しみと言うのは，花は桜，月は秋，故郷は恋しく，家族は温
かいみたいな通念の世界ですけれど，金時鐘さんの日本語はそれに縛られない．
それを裏切って逆へ逆へと切り進んでゆく．私はそういう日本語を金時鐘さんか
ら学んで初めて，自分のこころのうちを表現する日本語を知りました．と同時に，
自分が自分を語る日本語を手に入れていないことを痛いほど思い知らされた．小
中高大学に行っても包摂されなかった理由は，私自身が私を理解して伝える働き
の言葉を母語として学び，使う機会を持てなかったからだということが少しずつ
分かってきた．私は使えない日本語を一生懸命学んでいたわけです．この点をも
う少し詳しくお話したいと思います．

　戦後60年がたった頃，60年間私の生まれ育った村でも家の中でもタブーとして
語られなかった歴史が語られるようになりました．私が生まれた村，家が戦争で
どういう状況に追い込まれ，何があったのか．どういうものを抱えて私が生まれ
てきたのかがわかってきました．

　私の家は，先ほど長野県の山のなかと言いましたが，南アルプスと中央アルプ
スという山脈に挟まれて真ん中を天竜川が流れている伊那谷というところにあり
まして，前の戦争のときに，日本が中国東北部を侵略して作った植民地国の満州
にたくさんの開拓団を送りました．「開拓」と名前にありますが，実際は開拓で
はなく，すでにあった農地と家を現地の人々から奪っています．開拓というのは，
日本が自国を正当化するためについた嘘ですね．日本はそういう言葉の使い方を
します．

　河野村という小さな村の村長をしていた私の祖父はその嘘に乗って村の人を説
得して満州に送り出し，河野村の分村を作りました．その見返りに母村である河
野村は国から「皇国農村」の指定を受け，補助金が出て，村の橋や道が整備され
ました．その時にできた橋や道を使って私も暮らしていましたが，どういういき

さつで橋や道ができたかは知りませんでした．

　敗戦の翌々日，1945年8月17日の夜明け前に，満州にいた河野村分村の人達は，その当時は男性は徴兵されて分村を出ていましたから，女性と子どもと年寄の男性だけが残っていて，そのほぼ全員の74人が集団死した．母親が子供の首を帯び紐で締めて殺し，残った者達がお互いに殺し合って死んだんです．

　村長をしていた私の祖父はその責任を感じて，敗戦の翌年の夏に，自宅の座敷で首を吊って死にました．その20年後に私はその家に生まれていたんです．このことを知ったのは30代の半ばを過ぎてでした．

　そういう家に生まれるとどういう経験をするか，皆さん，想像がつきますか．家のなかがなんだかぎくしゃくしている．昔話をしない．してもなめらかに進まない．ふいに途切れたりする．筋道だった会話がなかなか成り立たない．祖父の死とそのいきさつがタブーになり，それを語る言葉が家のなかにも，村にもない．もしかすると日本中どこを探してもなかったかもしれません．家族も親戚も，家のなかにあるものを秘密にして隠しているうちに，その秘密を避ける言葉ばかりが育って，秘密を語る言葉が育たない．私はそういう言葉に囲まれていた．

　もうお分かりかと思いますが，私が金時鐘さんの日本語に出会って息が深くできるようになったのは，金時鐘さんの日本語は私の家，村にある秘密にまっすぐに光をあててくれた．なれあいや親しみを重んじて，気を使って黙り込み，うやむやにしてことをすませて論理を生みださない．そういう日本語ではなかった．タブーにひるまない日本語だったんです．包摂のためにはこういう言葉が欠かせないと思います．国家や社会のなかにあって，国家や社会がタブーとしている不都合な過去や事実にまっすぐに光をあてる．そういう言葉がアートですし，そういうアートがあって初めて，それまで表に出せないで抱えている思いを外に出せる．いろんな事情でそこに身を寄せている人たちを包摂する根拠地になれる．

　私は祖父の自殺の経緯を37歳ぐらいまで知らなかったんです．知ったときはびっくりしましたけれども，知ってみて，それまで感じていた，どうも自分は根無し草みたいだという感覚が正しかったことがわかりました．うっすらと感じていたことがはっきりした．

　このことは，『決壊〜祖父が見た満州の夢〜』というタイトルで，民放協という全国の民放が集まってつくる団体が制作したドキュメンタリーになっています．インターネットの動画サイトで観ることができますので，もしよかったら，観てみてください．一時間ぐらいの番組です．

*「重さ」が現況を揺るがし，包摂を実現する

　ここまでは，私が包摂された経験に焦点をあててきましたが，ここからは包摂する側での経験をお話してみようと思います．私は精神科の医師として働いています．患者さんの治療は包摂する営みですね．先ほど，聴くことが包摂には欠かせないと言いましたが，精神科の治療の包摂はそれだけではない．薬も症状に対する包摂ですし，説明や励ましの言葉も包摂になります．薬や言葉など，患者さんと医師のあいだでやり取りされるモノがどのような性質で，どのように使われると包摂が生まれるのか．それを，患者さんからこちらに手渡されるモノに焦点をあてて考えてみたいと思います．

　精神科医をしていると，患者さんが診察にモノを持ってくることがあります．どんなものだと思いますか．家で取れた野菜や，作った食べ物をお礼や差し入れとして持ってきてくれる患者さんもいますが，それほど多くないです．

　患者さんが診察に持ってくるものは，本人が大切にしているものですね．贈り物として渡される場合もあるし，一時的に預かって欲しいという場合もある．具体的には本，カセットテープ，CD，写真，ぬいぐるみなどです．パワハラやセクハラにあった証拠品を持ってくる方もいます．自分で持っておけないから預かって欲しいと，診察に持参した理由を言葉で言う方もいますし，何も言わずに，本人自身もその理由がよくわからないまま持ってきて差し出してくる場合もあります．お分かりになるかどうかわかりませんが，差し出されたものを受け取るというのは大変です．気が重い．手に持つとほんとにずしっと重く感じたりします．物理的な質量ではなく，意味の重さですね．これはこの人の魂だと感じることもある．そんな時は私のほうも患者さんの病気なり，状況なりにかなり入り込んでいます．巻き込まれている．無関係，無関心なら重くもなんともないですからね．受け取ってそのへんにぽいっと置いておけますが，重さを感じたらそんなふうにはできない．かといって家に持ち帰ったりはできませんから，病院の自分の机の引き出しにそっと入れておく．なくさないで大事にしておこうとこころに決める．自分が何かを背負っているのを感じられたりする．病状が回復して，あるいは退院が決まって私との治療が終わる時に「返してください」と患者さんから申し出があって，預かっていたものを返す時はホッとします．ちょっとさびしい気持ちにもなりますが，肩の荷がおりて楽になる．

　表面的というか，こうして時間にそって経過だけを伝えると，医者の私が患者

さんからモノを渡されて，そのモノを大切にすることで患者さんを包摂している
というふうに感じられるかもしれませんが，実際の事態は入り組んでいて，そん
なに単純ではありません．

　どういうことかといいますと，預かったモノの重さによって私はそれまでの私
ではなくなります．重さに影響されて変わります．良いほうに変わる場合もあれ
ば，悪いほうに変わる場合もあるのですが，とにかく変わります．以前の私では
いられなくなる．それまでやらなかったことを治療で試み，それがうまくいって，
回復につながったりする．試行錯誤の末にそこにたどり着くこともある．そのよ
うにして医師としての力量があがる．成長するわけです．とすると，患者さんか
ら私に手渡されたものの重みが私を包摂して，育て，それが治療に注がれるとい
う動きが働いているんです．

　包摂する側の経験を話すと言いましたが，包摂する経緯を精密に観察すると，
実は包摂されている状況が見えてくる．この場合，私を包摂したのはモノの重さ
です．この「重さ」とは何なのか．ぜひ考えてみていただきたいです．

　大学を包摂の拠点にするためには，演劇などのアートを実践するだけでなく，
包摂とはなんなのかを考える知の営みが必要で，それが大学の役割のように思い
ます．私が今お話しした「重さ」は，精神病理学の分野で「移行主体」とか「間
主観」という言葉を使って議論された時期もありましたが，すっかりすたれてし
まいました．包摂という視点からもう一度光をあてる価値はあると思いますが，
私の知る範囲でそのような兆しはありません．精神医学でも包摂は流行りの言葉
で，近頃よく使われる言葉なのですが，先行の研究とは結びついていないようで，
残念です．

　大学では病院以上に，たくさんのモノが人と人のあいだを行き交うと思います．
レポートや本，ノートが頻繁にやり取りされる．量も多い．私が診察で患者さん
から受け取るのとはケタ違いでしょう．でも，ひとつひとつの重さが失われてい
たり，もともと重さのないものがいくら行き交っても包摂は生まれない．私はそ
ういう小中高大学を過ごしましたので，その味気無さが身に染みています．多く
の人にとって，子供の頃は本の一冊とか友達の一言が大きかったりすると思うん
です．その重さを取り戻すことが包摂の拠点づくりには必要だと思います．

　またお芝居の話になりますが，先ほどお話しした，『精神病院つばき荘』とい
うお芝居は，「先生この病院は注射の上手な看護師さんから辞めていきますね」
というセリフで始まります．この「注射の上手な看護師さんから辞めていきます
ね」は，実際に患者さんが診察室で私に言った言葉なんです．患者さんは自分が

思ったままを言ったのだろうと思いますが，私にはズシリと重かった．

　注射の上手な看護師さんから辞めていくっていうことは，注射の下手な人しか残らないっていうことで，その患者さんは定期検査で採血を受け，腕に針を刺されるたびに痛い思いをしているんです．検査は私がオーダーしていましたが，そんな目に患者さんがあっているとは知らなかった．検査結果しか見てなかった．多くの患者さんは黙って我慢して採血を受けていて，この患者さんのように言葉を返してくれなかった．この言葉を聞いて初めて，病院の実情を知ったんです．これは看護師個人の技量の問題ではないんです．日本の精神医療がおかれている現状を表している．今日，最初にお話ししたように，日本で精神病院が隔離収容の施設として作られたがゆえの結果です．それを，この患者さんはこの一言で表現した．

　注射の上手な人は他に就職口がある．だから，他所に移っていってしまう．それでここは，あまり上手ではない人が働く場所，それでもいいとされる場所になってしまう．そういうところに私は入院しているんですよということを，この患者さんから指摘されたような気がした．あなたは，そこで働いているんですよ．知らないでしょうと言われた気がしたんです．

　私はこの言葉が頭にずっと残りました．こころにも重かった．何度も何度もこの言葉を思い浮かべることで『精神病院つばき荘』という作品を書いたんです．この患者さんの言葉に対する，私の返答でもあるわけです．私は何年もかけて答を探し，その途中で私は変えられてゆく．言葉っていうのは，動かすわけです，私たちを．そういうことの起きる場所．それを肯定的に捉えて支えてくれる人のいる場所が，アートによる包摂の拠点だろうと思います．ひとりではなかなか達成できない．私の場合は戯曲を書く同人の仲間に随分と支えられました．脚本を読んで言葉を返してくれる人がいないと創作は続けられないですね．挫けてしまったかもしれません．

＊「共感」，芸・術，「持たざること」，出会い

　最後に，今回のテーマに関係して，普段から気になっている心理学の用語についてお伝えしておきたいと思います．

　共感という言葉がありますね．同じ気持ちになることだというふうに理解している人もいるんですけど，私はその理解だけでは足りないと考えています．「相手の話を聞いて共感しましょう」とか「共感しながら話を聞きましょう」と言っ

たりします．聞こうとしないよりはずっといいと思いますが，これだけだと実は
こちらの思い込みで頭や胸をいっぱいにしている場合がある．話している当人は
なんだか伝わらないなという感じを持っていても，話していることに夢中になっ
て気がつかない．その結果，成果が上がらない．共に過ごす時間は増えてゆきま
すから，親しみや慣れは生まれますが，話は深まらない．新しい展開が生まれな
い．これを破るのが共感です．この人はこういう気持ちだろうという思い込みが
崩れる．この人はこういう人だと思っていたけど，そうじゃなかった，ああ，こ
ういう人だったんだなと分かる．それが共感です．それまでの自分の考えがガラ
ガラと崩れますから，ものすごいショックを受けます．今まで何やっていたんだ
ろうと思って，それまでの自分が変わってしまう．で，その時に伝わった，この
人に話を聞いてもらえたという感じが生まれる．包摂には欠かせない体験です．
出会い．つながりの体験ですね．しかも，その時一回だけです．同じ共感，同じ
出会いは二度とないわけです．で，アートというのは，芸であり，術であり，技
ですが，その芸なり，術なり，技をこの一回の共感のために使う．その一回の共
感のためのオリジナルの芸，術，技が生まれ，そのために惜しみなく労力が注が
れる．包摂にはそういうアートが必要だと思います．いつもオリジナルですね．
準備していたものを順番に出せばうまくいくっていうものではないだろうと思い
ます．
　松嶋さんの『プシコ　ナウティカ』を読んで思ったことなんです．演劇のこと
が書かれていますね．グロトフスキ（Jerzy Marian Grotowski）が紹介されている．
　関西では「世界演劇講座」というユニークな講座が長年続いています．世界の
文明史，文化史という大きな枠のなかで演劇をとらえ直して，演劇作品だけでな
く，演劇の思想に目を向けて考えてみようという講座なんですが，そこに時々グ
ロトフスキが登場します．で，そのたびに私はグロトフスキにこころ引かれるん
です．自分が求めているものがそこにあるような気がしていました．それが『プ
シコ　ナウティカ』にも登場していて，たいへんにうれしかったんです．イタリ
アの精神病患者の演劇集団でグロトフスキの演劇論が実践されていると知って納
得がいった．『プシコ　ナウティカ』では，グロトフスキが提唱した演劇のスタイ
ルは「貧者の演劇」と訳されていますが，私が習った講座では，「持たざるもの
の演劇」と訳されていました．立派な劇場で大きな舞台美術を組んで，音響も照
明もぜいたくに使って，衣装も豪華にしてというのとは真逆の演劇スタイルです．
余分なものは何もない．削ぎ落して削ぎ落して，最後には床と身体だけになって
しまうような演劇のスタイル．そこに演劇の本質，面白さが立ち現れてくる．

「持たざる者の演劇」とはそういうものなんですが，これは精神医療に一脈通じるところがあるんです．理論でも専門用語でも知識でも，こちらが何かを持っていると，その分だけこちらが強くなりますよね．対等の関係が作れない．向こうが弱くなる．出会いの最初から強者対弱者の関係ができあがってしまう．そこから生まれる「包摂」は手早くて一見良さそうに見えるけれども，どこか歪んでいる．

　私は精神科医の先輩から何度か「診察は手ぶらで行きなさい」と教えられました．前もって言葉や理屈を用意していて行くと，それが武器として作用して相手を追い詰める．向こうは自分を守ろうとしますから戦いが始まってしまう．降参を要求する診察になってしまう．何も持ってゆかない．手のひらを開いて，持っていないんだということを示す．グロトフスキのいう「持たざる者の演劇」に近い．それゆえに生まれる出会いがある．包摂にも同じことが言えるように思います．言葉や論理を武器にしてうまくやるみたいな姿勢では相手は逃げてしまう．逃げてくれたらまだいいですけれど，逃げられない相手を閉じ込めて，殺してしまうかもしれない．専門家の持つ危険性ですね．むしろ専門家でないほうがいいのかもしれない．

　精神医療の分野で活動している各地の団体が表現活動をしています．今日参加してくださっている鹿児島のラグーナ出版は雑誌の編集，出版だけでなく人形劇に取り組んでいる．神奈川精神医療人権センターはアクターズスクールを作ろうとしている．京都にあるきょうと wakuwaku 座はオリジナルの脚本を上演している．表現活動の主体は精神科を利用している当事者の方々ですね．この動きが今後も続くと思います．それに私も関わってゆきたいと思っています．

（実施日　2021年2月12日）

Talk

『外』とであうためのあわい
──イタリアの地域精神保健と演劇実験室から──

松嶋 健

　私は，文化人類学を学んでいた博士課程のとき，イタリアに6年ほど住んでいました．そのとき俳優の友達がいて，彼の演劇ラボに参加したりしていましたが，あるとき映画のオーディションがあって，友人に勧められたのでローマまで興味本位で受けに行ったところ，受かってしまったのです．ローマにはチネチッタ（Cinecittà）という撮影所があり，そこにフェデリコ・フェリーニ（Federico Fellini）がよく使っていたスタジオチンクエという一番大きなスタジオがあるんですけど，そういうところで撮影をしました．スタジオチンクエには，フェリーニの『そして船は行く（E la nave va）』の大道具の方がまだ現役でいて，撮影の合間に，フェリーニがどうやって映画をつくっていたかといった話などいろいろ聞いたりしました．

　私は，演劇を本格的にどこかで学んだということはないんですけれども，なぜか様々なかたちで縁がありまして，くるみざわさんと今日このような場でご一緒できるというのはとても楽しみでした．

　今日のテーマは，「『外』とであうためのあわい──イタリアの地域精神保健と演劇実験室から」というものです．くるみざわさんが，先ほど「出会い」のお話をされていましたけれども，交差してくるのではないかと思います．くるみざわさんの語りに引き込まれながら，やはり人の話を聴く人の語りだなと感じました．

＊イタリアの精神医療と社会的「包摂」

　イタリアの精神医療について，最初に少しだけ解説しておきます．イタリアでは1978年に「法律180号（バザーリア法）」が成立し，その後20年以上の歳月をかけて全土の公立精神病院を廃絶しました．精神病院では，そこに収容されている患者だけではなく，医師も含めスタッフも施設化されるわけですが，そうした精神病院中心の精神医療から，地域での精神保健に，60年代に始まった運動によっ

て大きく転換したのです.

　それまでは，物事を決めるのは医師や看護師だったのが，本人が決めることになる．とは言え，本人が一人で決める，自己決定するというのではなく，本人の周囲に築かれるいろいろな関係性の中で一緒に決めていくわけです．そこでは治療して社会復帰させるというのではなく，さまざまに異なった個々の生を，医師やソーシャルワーカーを含むチームでサポートする．ただし，地域精神保健サービスの中に囲い込むのではなくて，その外の，既に地域にあるものとか，新たにつくり出すいろいろな活動に接続して，相互浸透させていくわけです.

　そうなるとスタッフのほうも，医師や看護師といった専門のほかに，もう一つメタ専門のようなものが必要になります．それは，「この問題についてはこことつなげばいいんじゃないか」といった具合に，「媒介者」「つなぐ人」としての役割．そのためには，スタッフも，地域のことをいろいろ知っていないとできないわけです．それは，「精神障害者」という対象を確定して，それを社会的に包摂するというのとは，似ているように聞こえるかもしれませんが，ずいぶん違うと思います.

　先ほど，くるみざわさんがお話しされていた「包摂」というのも，いわゆる「社会的包摂」とは，かなり異なるニュアンスで言われていたように思います．一般に言われる「社会的包摂（social inclusion）」という言い方に，私は違和感があります．inclusion は「包摂」ですがこれは「排除」とセットになっているわけです．イタリア語ではそれぞれ，includere と esludere という動詞で，もともとのラテン語だと，IN-CLUDERE と，EX-CLUDERE です．つまり，「内に閉じる」と「外に閉じる」という意味です．言い換えると，内に閉じ込めるか，外に閉め出すかの違いであって，要は，円を描いている．円を描くと，内と外ができますが，そのどちら側に身を置くかという違いです．内側から見ると外に対して escludere していることになり，外から見ると内側を includere することになります．ちなみに，ここで使った円は西田幾多郎が描いた円相図からのものです.

写真1　西田幾多郎「心月孤圓光呑万象」

　イタリアは，国土の35パーセン

トが山地で，４割以上が丘陵地で
す．昔から伝染病を避けるために
下の湿地帯から距離のある丘の上
に町を築いてきました．丘の上に
町を築き，壁で丸く囲む．その壁
の内側に教会や領主の館や政庁な
どがあり，そういった仕事に従事
する人が壁の内側に住んでいて，
農民は主に壁のすぐ外の居住区，
ボルゴ（borgo）と呼ばれるとこ
ろに住んでいました．朝起きて，
壁の内側やボルゴから下の農地に

写真2　ウンブリア州の町の精神病院
www.dentrolepropriemura.com/gallery/

働きに行き，夜に戻ってくる，そういう生活パターンだったのです．

　近代になり，ボルゴの外側に壁や柵をさらに設けて精神病院がつくられるとい
う場合が多かった．写真2は，私が調査していたウンブリア州の町の精神病院が
建設されたときの写真で，一番上に中心街の建物が見えていて，その下に壁があ
り，さらにその下の道沿いに柵があって，その下の左手の白い建物が病棟です．

　この時代はまだ木が低いですけれども，私が調査していたときには，木が育っ
て完全に森になっていました．町の外にもう一つ町があるというぐらいの規模で，
自然環境としては悪いところではない．こういう風に，精神病者を町の外にes-
cludereし，同時に精神病院の内へincludereしていたのだと言えます．

　こうした「外」との関係をどう考えるのかというのが，今日のポイントになり
ます．精神病院の廃絶というのは，精神病院へのincludereをやめるとともに，
町の外，あるいは市民の外へのescludereをやめるということでもありますが，
それは果たしてsocial inclusionなのでしょうか．

　inclusionというからには，また新たに円を描いているわけです．それは，見
えにくい円かもしれないけれども線が引かれていて，そこでは例えば，「人間」
以外の存在がescludereされている．社会のメンバーが生きた人間だけからなる
という考え方は，近代社会では当たり前に思われますが，人類学からすると，そ
れが実は特殊な考えかたであることがわかります．つまり，この世界には人間以
外の生き物，動物や植物，あるいは死者や精霊がいるのが普通だったわけですが，
そういった存在は近代の社会からはescludereされている．近代的なコンセプト
でsocial inclusionを考えると，人間以外の存在がescludereされることになり

ます.

　また,「社会的包摂」と言う場合,円を上から見て,外にいる人たちを内側に包摂するという,いわば集合論的な見方に傾くように思います.メンバーが個々にアトム（atom）としてあり,そのメンバーの間に境界線を引いて,内と外を分ける.あるいは,外にあるものを内側に includere するという集合論的なイメージです.しかしそこには,そもそも個々がアトム（原子）的存在なのかという問題と,さらに,集合論的なかたちで内／外を分離するのとは違うかたちでの「外」を考えるべきではないか,という二つの問題があります.アートや精神保健,そして狂気とは,このような意味での「外」との関係に関わる問題だと私は考えています.

＊聖人と病気

　ここで,精神病院の歴史を少し振り返りたいのですが,その前に,聖人の話をしておきましょう.イタリアでは,民衆レベルで,今でも病気になったとき,聖人に祈って病気治しをしてもらうことがあります.医者が治せない場合にはなおさら聖人に祈ることが今でもあり,伝統的にはそれが広く行われていました.聖人崇敬と呼ばれます.聖人のなかには有名な聖人もいますが,それぞれの町にゆかりのあるローカルな聖人がたくさんいて,その地域の歴史や自然環境に深く関わっています.そうした聖人にはおのおの得意分野があり,例えば,漁業者の守護聖人や医師の守護聖人,賭博師の守護聖人にいたるまで,様々な聖人がいる.病との関連で言うと,目の病気に関わりの深い聖人や腹痛に効果のある聖人,足の病気を治すのが得意な聖人という具合に,まるで内科医や外科医,心臓病が専門といった感じで得意分野があります.

　興味深いのは,聖人と病気との関係性が両義的だということです.例えば,聖ビアージョという聖人がいます.この聖人に祈ると喉の痛みを治してくれるのですが,治らない場合もある.それでも祝福はされているわけです.治らなくても祝福されているとはどういうことかというと,聖ビアージョが喉の痛みを取ることができるのは,そもそも喉の痛みを与えることができる,という力能を持っているからです.ということは,喉が痛むということ自体が聖ビアージョに触れられたしるしであり,痛み自体が祝福されている証しとなるわけです.だから,病気も単になくなればいいものなのではなく,その病気になるということ自体に積極的な意味がある.それを,聖人が媒介しているのです.

言い換えると，病気というのは，人間には知覚することもコントロールすることもできない「外」の力の表れだということができます．それはあまりにも強度の強いものなので，普通の人間は近づいて直接扱うことはできない．そこで，その「外」の力との間を仲介する媒介者が必要とされるのです．人類史をみると，そうした「外」との媒介を，「文化」というかたちでいろいろつくってきたわけですが，ヨーロッパ，特にカトリック世界では聖人が，そうした媒介者の役割を担ってきたのです．

カトリックの教義においては，こうした媒介のことを「取りなし（intercessione）」と呼びます．父なる神に直接お願いするのは畏れ多いので，自分に縁の深い聖人にお願いして，父なる

写真 3　聖ビアージョ
https://www.famigliacristiana.it/articolo/san-biagio-il-martire-che-protegge-dal-mal-di-gola.aspx

神に取りなしてもらう．それで，一神教であるのに，多神教と見まがうばかりにたくさんの聖人がいて，皆それぞれ自分の好きな，自分と縁の深い聖人との間で関係を築いてきたのです．イタリア語では親称の Tu に対して，敬称の Lei あるいは Voi という呼び方がありますが，聖人との間では，敬称ではなく親称の Tu を使い，仲間同士のような関係性になります．

つまり，病気そのものは敵でもネガディヴなものでもなかった．新型コロナウイルスのことを考えると，敵としてのネガディヴなものという位置付けで，コロナウイルスに触れるということ自体がある種，祝福のしるしである，外と触れたしるしでもあるというような感覚はほとんどないように思います．

＊イタリアにおける精神病院の歴史

イタリアの精神病院の話に戻りますと，伝統的に精神病院はマニコミオ（Manicomio）と呼ばれていました．厳密には Manicomio は「精神病院」というより「狂人を世話する施設」という意味ですが，記録に残っているところでは，1548年か1549年にイグナチオ・デ・ロヨラに近しいスペイン人の司祭が開設したのが最初です．ローマのコロンナ広場の救貧院に貧者，巡礼者と狂人を受け入れたのです．基本的には三日三晩までで，その後は管理人が延長するかどうか判断して

いました．

　1550年というのは聖年なので，ローマに大勢の巡礼者がやって来た．このローマに，なぜスペイン人の司祭が Manicomio をつくったかというと，それはスペインのカトリック神秘主義と関係があります．神のヨハネという，後に病人や看護師の守護聖人になった人がいますけれども，彼はロヨラの友人であったアビラのヨハネの説教を聴いて霊的回心を経験し，狂気の状態に陥ったために収容されたという経験がありました．

　その後ヨハネは，狂人たちが捨て置かれているというので，グラナダにみずからの病院を開き，そこで貧者と病人と狂人の世話を始めます．これが，現在スペインやイタリアに多くの病院を有する Fatebenefratelli 会の始まりです．

　当時のスペインのカトリックの文脈では，狂気は神の声への反応であり，神の秩序への回心のしるしであるとみなされていました．しかし同時にそれは神の秩序から離れたことのしるしでもありました．肉の恥辱を見せつけるかたちで裸のまま町をうろつくのは，肉体の無秩序（disorder）を示すものとされた．つまり，神の order と肉体の disorder とのあいだで両義的な位置付けにあったのです．

　1540年はロヨラのイエズス会が教皇パウロ三世に公認された年で，時代は対抗宗教改革の真っ只中です．ローマに異端審問所ができ，異端者の積極的な取締りと収容が行われていく，そういう時代でした．そうした時期に，「貧しき信徒の信徒会」が先ほどの Manicomio を開き，多くの巡礼者，狂人が収容される．そこには，「慈善」というキリスト教のカリタスの論理と「社会秩序の管理」という論理が共存しています．ユダヤ人を一ヶ所に集めてゲットーに隔離するというのも，同じこの時代に始まります．

　その後大いなる収容の時代があって，啓蒙主義の時代となります．18世紀末，啓蒙専制君主であったトスカーナ大公ピエトロ・レオポルドが，監獄に収容されていた精神病者の病院への収容を義務化し，フィレンツェのイエズス会を追放して，修道院を病院に転用します．そうして1788年につくられたのが，イタリア半島で最初の近代的精神病院，ボニファツィオ病院です．このとき，医師のヴィンチェンツォ・キアルージが「ボニファツィオ病院とサンタ・マリア・ヌオーヴァ病院の第一看護師にして医師」に任命されます．これが聖職者ではなく医師が病院の責任者になったイタリアで最初の例です．

　聖職者と医師のあいだで狂気と病をめぐるヘゲモニー争いが19世紀を通じてずっとあり，そのなかで Manicomio が医学化されて「精神病院」となっていきます．イタリアが統一されるのは1861年で，イタリアを統一したのは，ヴィッ

トーリオ・エマヌエーレ二世というサヴォイア家の王でしたが，両隣をフランスとオーストリアにはさまれ，政治的に非常に不安定な状況にありました．そうしたなかで社会の秩序回復や公衆衛生への関心などから精神病院の社会防衛的な役割が強化されていくのです．

　1904年に社会防衛的な性格をもった法律36号ができ，これが基本的には1978年の法律180号まで継続します．その間のイタリア精神医学は生物医学中心でした．1950年代にパドヴァ大学の神経精神科で助手をしていたフランコ・バザーリア（Franco Basaglia）は現象学的精神医学に関わっていましたが，生物医学が支配的な大学の精神医学講座を追い出されるかたちで，ゴリツィア県立精神病院の院長として赴任するのが1961年です．当時，大学精神病院と公立精神病院の間には大きな違いがありました．患者の社会階層がまったく違うだけでなく，公立精神病院の精神科医が下位に位置づけられるという医師間のヒエラルキーもありました．

＊バザーリアたちは何をしたのか

　このような状況にあった公立精神病院でバザーリアは，現象学的に「病気」を括弧に入れるということを行います．医者になる教育では，「人間」の部分を括弧に入れて病気の事例（ケース）として見る訓練をしますが，その逆に「病気」の方を括弧に入れて，「人間」の部分を見るようにしたわけです．具体的には，日常の小さなことの積み重ねで，ベッド脇にナイトテーブルを置くとか，入院時に取り上げられていた私物，先ほどくるみざわさんがぬいぐるみのお話をされていましたが，そういう大事なぬいぐるみや写真を返す．また私服を返し，スタッフの白衣もなくしていく．アッセンブレアという入院者もスタッフも参加する集会を始め，そして閉鎖病棟を開放し，拘束や電気ショックを廃止します．

　こうした試みについてバザーリアはこう述べています．「私たちの前には最早，一つの「病気」があるのではなく，代わって一つの「危機」が立ち現れてきたのです．こんにち，私たちは次のことを強調しなければならないでしょう．彼らを精神病院に連れてくるに至った状況とは，「生の危機」であって，決して「統合失調症」，すなわちある制度化された状況としての診断ではないということ．それゆえ，私たちは，「統合失調症」をある危機の表現と見ていたのです．問題を危機と見るのか，それとも診断と見るのかはまったく別のことです．なぜなら，診断は客体であるのに対し，危機というのは主体性の問題だからです．」

　バザーリアは自身の課題を，メジャー科学批判としても捉えていました．別の

科学，別の精神医学が可能だと考えていたのです．そして，精神疾患と狂気について，「精神疾患という概念を私は批判するが，狂気を否定しはしない．狂気は人間的な状況だからである．問題は，この狂気にどのようにして向き合うかということである．この人間的な現象を前にして，われわれ精神科医はどんな態度を取り，そしてこの狂気の必要性にどう応えることができるか」と問いました．

こうした，人間にとっての狂気の必要性という問題について，バザーリアはくり返し語っています．それは，精神病院をなくしたとしても，人間にとっての「外」という問題はなくならない，と言い換えてもいいと思います．

1971年にトリエステ県立精神病院長として赴任したとき，バザーリアはすでに，精神病院はその中をいくら改善しても駄目だという結論に達していました．問題は，具体的にどういう道筋で精神病院を解体するかということでした．その際，今日のテーマとの関わりで特に重要だと思うのは，まず精神病院という場自体を，内と外がもつれ合う〈あわい〉の場にしたという点です．

端的に言うと，入院患者が内から外に出るだけではなくて，外の市民のほうが精神病院にやってくるような仕掛けをいろいろ考えた．例えば，アートラボを病院の病棟を使って行う．そこで個々の人の歴史，家族も含めたローカルな歴史の声を語り聴くというような場を設けていく．それをまた演歌師や辻芸人のように音楽付きで町に出ていき，それを一つの物語として語るというパフォーマンスをやった．世界各国から若者たちがボランティアとしてやって来て，空いた病棟に寝泊まりしていました．

あるいは，ミュージシャンを呼んで精神病院でライブを行う．様々なミュージシャンや演劇家がやって来て，無料でパフォーマンスをしています．例えばジャズのオーネット・コールマンや演劇家のダリオ・フォー．すると市民も観にくるわけです．そういう風にして，内と外が混淆するようにしていったのです．こうした経験を積み重ねた暁に法律の制定までこぎつけ，最終的に2000年にイタリア全土の精神病院が廃絶されました．

＊演劇実験室の試みと精神保健

私自身が調査したのは，21世紀に入ってからですが，調査地のウンブリア州は，トリエステより先んじて精神医療改革が行われた地域でした．そこで，2005年から新たに，精神保健サービスの利用者からなるプロの劇団をつくろうというプロジェクトが始まりました．地域保健事業体と州常設劇場，市の演劇大学センター，

それからデンマークに本拠を置く劇団オーディン・テアトレットのコラボレーションとして立ち上がったプロジェクトで，それに私も参加することになりました．治療を目的としないというのを明確に掲げ，あくまでプロの劇団をつくるのが目的です．

　こうした試みには前例があって，トスカーナ州のヴォルテッラ刑務所の囚人によるプロの劇団である「要塞の劇団（Compagnia della Fortezza）」などがそうです．「要塞の劇団」は刑務所内での〈演劇実験室〉から誕生したものでした．

　〈演劇実験室（Teatr Laboratorium）〉のアイデアは，もともとイェジュイ・グロトフスキ（Jerzy Grotowski）というポーランドの演出家のものです．彼は，トスカーナにグロトフスキ・ワークセンターを開設して以来，本拠地をイタリアに移して活動していました．もともと彼は，クラクフの国立演劇学校で，スタニスラフスキー（Konstantin Stanislavski）のメソッドに出会ったのですが，その限界も感じていました．そこで，スタニスラフスキー自身がそれまでの自分のメソッドを否定するかたちで始めたものを，いわば引き継いで〈演劇実験室〉というかたちにしていったのです．このとき助手を務めていたのが，南イタリア出身のエウジェニオ・バルバ（Eugenio Barba）でした．その後1964年にバルバは，演劇学校の入学試験に落ちた若者たちだけを集めて新しい劇団をオスロにつくる，それがオーディン・テアトレットで，その後，デンマークに本拠地を移し，劇団の名前を，「北方演劇実験室／オーディン・テアトレット」と改称します．

　そのオーディン・テアトレットの俳優と一緒に私たちの演劇実験室も始まったわけです．参加者は，精神保健センターの利用者が31名，演劇大学センターの若手俳優３名と私でした．そのトレーニングの内容は，拙著『プシコ ナウティカ』に詳しく書いているので，それを見ていただければと思いますが，基本的に週に２度，毎回４，５時間とかなりハードなものでした．他に，集中的に週５日，６日を連続で行うこともありました．

　トレーニングは，掃除から始まります．掃除をすることで，その場所を自分たちの場所，自分たちに親しい場にするのだと思います．ちなみに，個々の行為の意味は一切説明されないので，これはあくまで私の解釈ですが．

　トレーニングが始まると，ドアは閉められ，黒いカーテンが引かれて，外界からシャットアウトされます．したがって，演劇実験室の参加者以外は誰も，精神保健サービスの関係者でさえ中を見ることはできません．

　トレーニングの一番の基本は，肚で歩くというものです．最初の一ヶ月はほぼひたすら歩くだけでした．〈中心〉で歩く，という言い方がされていました．自

分で動くのではなくて，動かされよと．つまり，私が歩くというよりも，体が歩くとか，肚が歩くという感じで歩くということを，ずっとやりました．だんだんコツがつかめてくると，その肚からのインパルスによって動かされ，それが〈歩く〉という出来事になる．そしてそれがさらに体の他の部位にも及んで，そこが動かされる．そうして勝手に体が動くのに任せる．その際，動きの途中で意思を介入させて別の動きを開始するのではなく，あくまである動きがその過程を展開し終えるまで待つのですが，これが難しい．途中で自分の意思が頭をもたげて，中断したり，次のことをやってしまったりする．そうではなくて，ある動きの終着点が，同時に次の動きを発動させるインパルスとなるようにすると，動きはとどまることなく，ただ一定の区切りを示しながら，そのかたちを連続的に変化させていくことになります．いわば姿勢が入れ子状に変化していき，その結果として，動きが生まれる．その連続変化は雲（nuvola）と呼ばれていました．

　こうしたトレーニングをしばらく続けていると，「私の」身体とか，「あなたの」身体という具合に，所有格を付けて呼ぶような身体に代わって，様々な流れや渦でできた流動身体が立ち現われてきます．そのとき，意識というのは，この一つの大きな流動身体のところどころに突き出た突端，ないしは島のように感じられてくるのです．ただし誰かの身体に直接触れてしまうと，そこに境界が知覚されるため，流動身体は逆に感じにくくなる．個別の身体に戻ってしまうという感じです．

　こうしたなかで「プシコ　ナウティカ」という言葉が使われていたのですが，それはイタリア語で「プシュケー（魂）の航海（術）」という意味です．精神分析の場合，寝椅子に横たわって言葉で行うところを，言葉の代わりに身体を使って行う自由連想のようなものです．そのとき，繰り返し何らかの動きが出てくることがあります．これがグロトフスキの言う〈身体＝記憶〉だろうと思いますが，「言語的無意識」ならぬ「身体的無意識」の探索の過程が，あたかも未知の海での航海のようであるところから「プシコ　ナウティカ」と呼ばれていたのです．これは，航海と同時に航海術というニュアンスもあって，つまり単に無防備で大海に乗り出すのではなく，未知の海でも遭難しないようにするためのミニマムな技術としての「プシコ　ナウティカ」という意味でもあります．

　こうした演劇実験室における，精神‐身体トレーニングは，俳優に一連の技能を授ける「足し算」のトレーニングではなくて，「私」という意識に由来する体の抵抗を取り除いていく，いわば「引き算」の過程だとグロトフスキは言っています．その過程で，一種のトラウマ的状態が出てくる場合もありますが，それは

何重にも守られている.

　ところで，社会から精神障害者を隔離していた，閉鎖的な全制的施設（Total Institution）としての精神病院を廃絶して地域に開いておきながら，なぜそこにまた閉鎖された〈演劇実験室〉のような場が必要なのでしょうか. 最近は，様々なところで「安心・安全」ということが言われますが，そのほとんどは何事かが起こることをあらかじめ排除するような「安心・安全」になっているように思います. そうではなく，何事かが起こっても大丈夫であるような場をつくるのが，「安心・安全」ということのほんとうの意味だろうと思います.

　演劇実験室の参加者も，「ここでは鎧を脱ぐことができるから」とか「繭のようだ」という言いかたをしていました. 先ほどくるみざわさんがおっしゃっていた「包摂」は，こういう繭にくるまれている感じに近いのかなと思って聞いていました. ともかく，社会的にノーマルな規範に関わる鎧や仮面を外して，限定解除しても大丈夫という場が必要なのです. とはいえ，そういう場があったとしても，「外」から何かが到来するかどうかは，保証のかぎりではないのですが.

　演劇実験室の場合，限定解除しても大丈夫という場をつくるのに，二重の防護を施している. 一つ目は，場による防護，つまり精神保健サービスの関係者の立ち入りを禁止して医学の論理の介入から守ること. 二つ目は，技法による防護. これは，浮かび上がってきた感情記憶に身を任せて感情を爆発させるのではなく，肚を中心に据えることで，いろいろな感情や記憶が出てきても，自身が距離を取って見守っていられるという，そういうかたちの技法による防護のことです.

＊科学の実験室とアートの実験室

　ところで，「演劇実験室」という名に関連して想起することがあります. 20世紀後半から人類学の世界では，「実験室の人類学」が登場しましたが，そこから見えてきたことの一つに，現代の世界自体が実験室化されているということがあります. つまり，壁はなくとも，個人化され，全体的かつ個別的に統治されるような社会が実現してきた系譜をたどると，近代に誕生した実験室があるということです. 科学的な知が外の世界の様々なものを制度化・空間化することで，実験室の中だけで成り立っていたものが，外の世界でも成り立つように世界をつくり替えてきた. その結果，それが世界そのものだと考えるようになる. われわれは生まれたときからそうした世界の中にいるので，それが現実であるとしか思えなくて，その「外」があるということを想像することさえ困難になっているのでは

ないでしょうか．

　そうした中で，先ほど青木さんがおっしゃっていたような，よくできる学生の，よい子の答えも出てくるだろうし，それに対して，なんか変だ，おかしいと思っている人たちも，なかなか出口が見出せずに，閉塞感の中で調子を崩すということもあるだろうと思います．だからこそ，演劇実験室のような別の実験室，引き算の実験室が必要なのではないでしょうか．

　現代の社会は様々な制度が個人をベースにしています．個人の所有であるとか，自分の身体は自分のものであるとか，そういう考え方をベースにしていろいろな制度が作られている．普段はその中である程度対処することはできるわけですが，そのことで逆に外があるということ自体が見えなくなっているような気がします．こうした，いわば「個人である」という呪いがかけられた世界で生きているのなら，そこには一種の対抗呪術 counter-magic（カウンターマジック）のようなものが必要ではないか．演劇実験室は，それを可能にするような場だと言えるでしょうし，アートにはそういう意味での文字通り実験的な意味があるのではないかと思います．

　ちなみに，グロトフスキが演劇実験室を創設するにあたってモデルにしたのは，量子論のニールス・ボーア（Niels Bohr）のボーア研究所の実験室でした．今日は立ち入りませんが，局所性や非局所性をめぐる量子論の問いを，人類学的な問いと結び付けながら，外や場所について考えることができると思います．

　実験室（ラボラトリー）ということに関して，最後にもう一つ事例を紹介しておきます．これは，ウンブリア州の別の精神保健センターの話ですけれども，聖人ラボというのがありました．その地域のローカルな聖人についての事蹟を精神保健センターの利用者がみんなで調べ，それを冊子にするとともに，聖人が生きた場所を実際に自分たちで一緒にたどっていくというラボでした．

　これをやっていくなかで，参加者のあいだに聖人と場所の履歴を通した集合性が生まれていく．さらには，聖人のライフヒストリーを知ることで，当時の規範を逸脱して生きた聖人（なかでもとりわけ聖女）たちの生を自分たちも生き直す機会になったりもする．そもそもカトリックの聖人という存在自体が，イエスの模倣をする，イエスをまねぶという側面があり，その聖人をまた自らの身体で演じる，なぞる，まねぶことで，身体を通して別の時代や生につながると同時に，違う身体や違う時空が開かれるという経験が生起しうる，そういうことを聖人ラボでは探究していたわけです．

　聖人ラボにしろ，演劇実験室にしろ，いわば自分自身の「外」と出会うための

場になっていると思います．単に病院の外に出て暮らすというだけでは，その外はすでに見えない壁に囲まれた内かもしれない．だからそこに空間的な外とは異なる「外」と出会うことができるような場が必要だと思うのです．それは，「あいだ」とか「あわい」と呼んだ方がいいかもしれません．〈であう（であふ）〉場としての〈あわい（あはひ）〉です．

　「地域」というのは，単に病院の「外」というより，〈であい〉の場としての〈あわい〉であり相互行為空間であることが重要ではないかと思います．社会の「内」への inclusion というよりも，「内」と「外」のあいだ，あわい，もつれを生み出すことが重要なのではないでしょうか．つまり，内と外に集合論的に分離するのではなく，かと言って，一つに融合するのでもなくて，区別はするけど非分離で，そのあいだを何かが循環している．そのとき媒介となる場が必要で，そこにアートが，まさに「外」との媒介やインターフェースとして，かつての聖人とは違ったかたちで，今，これからのわれわれにとって意味があるのではないでしょうか．

（実施日　2021年2月12日）

Discussion

願う，待つ，出会う

くるみざわしん・松嶋健・島すな
み・森越まや・広瀬隆士・村澤真
保呂・青木惠理子・舟橋健太・松
本拓・山田創平

くるみざわ　今，松嶋さんからお聞きしたような話を，精神医学の授業とか，精神療法の勉強会で聞くことがないんですよね．わあ，初めて聞いたっていう感じです．精神医療，精神医学，精神療法の核心に通ずる話なんですけど，こういう話を聞いている精神科医は，たぶんほとんど，いない．

　私がこういうお話しを聞くのも医療の現場ではなくて，文学の集まりとか，ブラジルの記録映画の集まりなど精神医療とは直接には関わりのないイベントに行くと，これに通ずる話しが聞けるわけです．やっぱり，アートの世界ですね．豊かです．潤いがある．

　ところが，肝心の精神医療は砂漠みたいな状態なんです．乾ききっちゃっている．本来ならアートがあっていいはずなのに，ない．あっても少ない．こういう話が精神医療，精神科医の世界に不足しているなとあらためて思いました．そして，例えば，今，松嶋さんからお聞きしたような話を果たして精神科医は理解できるだろうかと思ったんです．理解できない．興味も持たないかもしれない，すごく面白い話なのに．そんなふうになってしまっていることが，包摂からほど遠い，今の精神医療をつくっていると思いました．

　それと関連するんですが，実は私は包摂という言葉をほとんど使ったことがないんです．今日は「包摂」がテーマですから何度も包摂と言いましたが，やっぱり，口でしゃべる言葉じゃないし，漢字二文字なので硬い感じがする．耳で聞いてもイメージが湧かない．新しい言葉なのでまだ使い慣れない．そしてもうひとつ，包摂という言葉を使いにくい理由は，当たり前のように使うとちょっと空々しい感じがしてしまう．

　精神医療の業界で，私のようにダーティーな世界で働いた経験があると，排除

をゼロにするって可能なんだろうかって思うんです．全てを包摂するということは，不可能ではないかと思ってしまう．

　一人では当然無理です．だから，何人かで集まって，これは今，私は包摂できないけど，あなたかが包摂してくれるとかいうつながり，助け合いがあって，それが地域に広がってというような何か具体的な受け皿があって初めて言える言葉だと思うんです．何も実現していないところで，包摂しましょうというのは，実は新しい排除をつくろうというのと，ほぼイコールだと思うんです．包摂できるものとできないものを，受け皿の事情で決めて，人を守らず，包摂が守られるみたいな状況がうまれるんじゃないのか．

　一人の人間を，完全に包摂できるということは，やっぱりそうそうないと思います．でもそれを実現しようとぎりぎりまで努力して，やれることが増えるのは大事だし，そうして包摂は大きくなる．でもすべてを包摂することは無理．そういうことを前提として共有しておきたいなと思いました．それを考えないで，精神科医とか，精神医療関係者が包摂を口にしてしまうとよくないんじゃないかなと思いました．

　一人の人を知り尽くすことはできないです．必ず，秘密の，誰にも知られたくない部分，一人で持っておきたい部分がある．そういう領域と触れ合うアートが必要ですが，そのアートが包摂という言葉を乱暴に使うと消えて飛んでいってしまう．

　それと関連して面白かったのは演劇実験室のゆっくり歩く，考えながら歩くというトレーニングです．私もそのトレーニングに近いことをやったことがあるんですけど，なんともいえない独特な感じになります．

　みんながひとつの生命体みたいな感じになって，個の意識が薄らいでゆく．その中にいると，何か新しいことができるかもみたいな雰囲気というか，気持ちというか，そのひとつの生命体として外部と出会って触れていることができるかもしれないなというのを，からだで感じることができる．ところが，自分が他の人のからだに触れたりするとその感覚がぱっと壊れちゃうわけです．覚めて，個にかえってしまう．そういう練習，体験が精神医療関係者には必要だなと思いました．今，足りないですね．

　それで，松嶋さんに質問してみたいことは，狂気のところで，外と触れるというお話しがあったんですけど，この外というのは，もうちょっと別の言い方で言うと何なんでしょうか．「外」の一言ではなく，詳しく述べるとどうなるのか．そこを，ちょっとお聞きしたいんですけど．

松嶋　難しいのですが，言葉でパッと答えられたら，それは外とは言えないと思うんですよ．キリスト教の文脈だと，「超越」ということになるんでしょうけれども．それでも強いて言うなら，「無限」とか，「無際限」ということではないかと思います．

くるみざわ　無際限というのは．

松嶋　文字通り，際限がないということ．

くるみざわ　果てしなくあるっていうことですか．

松嶋　果てしなくあるかどうかも分からないぐらい，果てがないという感じです．

くるみざわ　なるほど，今のお話しを聞いて，ぱっと思いつくのは，精神病の状態になった方が，どこまでも落ちていくっていう体験をすることがあるんです．どこまでもどこまでも落ちてゆく．ものすごく怖いわけです．人間という存在からこぼれ落ちてしまう．どこまで落ちても誰も何も救ってくれないという底なしの恐怖ですね．狂気とはそういうものだと思っているんですけど，そういう経験って実は貴重です．望んでしたくはなし，望んでもできるものではないけれど，人間にはそういう体験がある．そういう体験をしている人がいると教えられると，人間とは何か，存在とは何かを考えざるを得なくなる．深く問わないではいられなくなる．それがなくなると，分かりきったものになってしまうと思うんですね，人間が．

　だから，それを，病気の症状の一つにカテゴライズしないことが大切だと思います．それを病気の症状にして，分類して，記述して，分かったものにしてしまう．あるいは診断基準のひとつにして，人間の手で容易に扱えるもののようにしてしまうのは，私は良くないと思う．気に入らないんです．

　質問になっていないですけど，ちょっとそんなことを思いました．

松嶋　「無限」とか，「無際限」という言い方をしましたけれども，「無底」，「底がない」という言い方もできるかも知れません．それこそ，果てしなく落ちていくという感じになると思うんですけど．

　ただ，われわれは，基本的に存在の底が抜けていると思うのです．だから，本当はそのまま外につながっていると思うのです．なので，包摂しようとしたら，数学的に言えば，無限を包摂しようという試みになるので，不可能だろう．そういうイメージです．

　そういう，底が抜けているということを，とりあえず，抜けていないことにすることで社会は成り立っていると思います．でも，人類学者が扱ってきたような伝統的な社会では，儀礼や祭のかたちで，底は抜けているということをたまに思

い出して，ああそうだった，底が抜けているんだった，でも，普段はとりあえず抜けていないことにしてやっていきましょうね，というようなかたちでの連帯があると思うんですよ．何の話をしているか分かりますかね？

くるみざわ　分かります.

松嶋　だから，普段はほとんど忘れているけれども，お互いに「まあ，抜けていないふりしているだけだからね」という感じで目配せをしながら生きているという感覚でしょうか.　つまり，外を分離して，ないものにするのではなく，外は常に感じられているのだけれども，それを普段は，お祓いしておくような仕組みがある.

　でも，お祓いしたままでは駄目だから，ときどき開いて，こっちに流れ込んでくるようにするわけです.　ただ，それは，とても危険なことでもあるので，儀礼など，非常に緊張感の漂うものになるわけです.　失敗するとえらいことになるかもしれないわけですから.

　そういう意味で，外との間に，きちんとインターフェースをつくり，外を排除したり分離して，ないものとするのではなく，区別はしつつ，そことのあいだで何かが循環して流れるような仕組みを，例えばアートというかたちでつくることができるのではないでしょうか.

　カトリックの文脈では，聖人が，そういう役割を担って，人間と非人間の領域との間を媒介してきた.　だから聖人というのは，人間だけれども，なんだか底が抜けた状態をそのまま生きている人たちというイメージです.

　つまり，健常者は底が抜けていなくて，底が抜けている人は病気だというのではなくて，みんな底が抜けているんですよ.　でもそのことを大概忘れているので，抜けていないことにして生きているだけだということを，ときどき思い出して確認する場がないと，生きていくのはとてもしんどいことになる，そういう感じです.　分かりますかね，何の話か.

くるみざわ　はい.　わかります.　皆さんはどうか分からないですけど，私は分かります.

　私の質問に答えて，今，松嶋さんがしてくださったようなお話が，アートと精神医療の領域でもっと語られたほうがいいし，アートと精神医療の領域は，語りあえる場所だと思うんです.　それが，今，失われてしまっている.「外」とか，「底が抜けた人間」の在り方を語り合える場が欲しいけれど，ない.

　狂気というものに対する恐れ.　あ，今，私，簡単に恐れって言いすぎていますね.　そういうふうに言ってはいけないな.　どう言ったらいいのか.　とにかく，決

まった手順で誰にでも扱えるもの，例えば薬物を使えば簡単に扱えると思ってしまうのがまずいでしょうね．ただ単なる健康を求めてしまう．病気から快復することは，元に戻ることではないんだということが，知られていなさすぎるなと思いました．

松嶋 質問ではないんですが一言だけ．中井久夫さんの短歌と年賀状のエピソードが，とても印象に残りました．そういう日常生活のなかのアートと呼べるような感覚についてのお話を聞いて，バザーリアのエピソードを思い出しました．バザーリアと直接一緒に仕事をしていた人に，どんな人だったかという話を聞くと，潜在的なものが見える人だというような言い方をする人が何人もいました．例えば，他の人から見たら，この患者さん症状も重いし，どうにもならないよ，というような人と二人だけで話した後に，レストランやバールの責任者を任せたりする，そういうことを結構やっていたらしいんです．

　どうやら，まだ顕現していないけれど，その人は，こういうことをやればよさそうだということが，驚くほどはまるらしいのです．

くるみざわ なるほど．

松嶋 そういう，ある種のアントレプレナーシップ（entrepreneurship）的なものかもしれないですけど，潜在的なものの次元を，直観的に感じられるという，何かそういう感覚が似ているという気が，少ししました．

山田 特に私の印象に残ったことを，お伺いしたいと思います．

　どちらのお話しにも共通してあると私が感じたのは，人との出会いで，何か，はからずも出会う，という出会いです．普通に社会生活を送くっていると出会うはずもないような人に会うとか，中井さんの話のように来ないと思っていた年賀状が来るという出会い．

　包摂や，内と外に関するお話で，本来なら，出会わないと思っていた人とたまたま出会っちゃって，そこでいろいろなことが起こる．本当に思ってもみなかった人と出会うということが，なんか大事だというメッセージを，私はくるみざわさんと松嶋さんのお話から受け取りましたがいかがでしょうか．

くるみざわ はい．僕も，それを常々感じます．先ほど名前を挙げた金時鐘さんが，出会いについて語る時に必ず言う言葉があるんです．「強く願った者同士が出会う」．確かに，私も金時鐘さんに出会ってから，自分が金時鐘さんのような人を求めていたとわかったんですが，強く願っていたからこそ，出会ったんだと思います．すれ違わなかった．近づいたら，すれ違えませんね．もう，出会うしかない．なので，出会いは偶然であるけれども，必然であると言うんです．

なので，なんて言うのかな，いつもいつも準備して，どうにかならないかなと強く願っていることは大事だと思います．私も，精神科医になって，嫌な思いをたくさんして，なんとかならないかなと強く思っていることが，今日のこの会につながりましたからね．そういうことかと思います．

松嶋　そうですね．まず，祈り，願う．近代人としては，祈っても別に何も変わらないんじゃないかと思うかもしれないですが，それはそもそも，祈るという行為が社会的な行為連鎖から切り離された個人の内面の問題になり他につながっていかないという，地平や現実をつくってきたためにそうなっているのだと思います．祈るということが，見えない次元を通じて何らかの影響を与えるというリアリティーをつくっている社会においては，祈ることが何にもつながっていかないということのほうがありえないでしょう．したがって，祈ってもあまり意味がないという信念が共有される社会にどうしてなっているのかということを考えることが大事なのではないかと思います．それは，「こころ」が個人の内面の問題であるとされていることと深く関係しているはずです．

　あと出会いに関しては，それが実のところポジティブなものかどうか分からないので，とても怖いことでもあるんですね．出会いたくないものに出会ったりすることもあるので，どちらかといえば出会わないでいたいと感じることもしばしばあると思います．それでもそういう思いを超えて，出会ってしまうことがある．特にイタリアは，町自体が半ば非意図的なデザインとして，まるで偶然の出会いをお膳立てするかのようにつくられているように感じます．イタリアに住んでいると，ありえないような出会いがしばしば起こるので，何というかマジカルな場だと感じるのですが，そういうものは日本だとあまり感じられないような気がします．町のサイズの問題も大きいかもしれませんが，偶然の出会いが組織的に阻害されているような気分ですね．

　もう一つ，出会いというのは，人との出会いだけではなくて，本でも，詩でも，歌の一節でもいいのですが，そういう出会いというのもあると思います．例えば私が，あるテーマで論文を書くというとき，普通に考えたら，そのテーマに直接関わる先行研究を読むわけですが，それがいまひとつのらなくて，全然関係のないものに手が伸びる．するとそのなかで，「え，まさにこの話ではないか」という一節に出会ってしまうというようなことがあります．

　そういったとき，別に意図的にやっているわけではないのですが，でもそういうふうにして出会ったものには何かしら意味があるし．それに，考えているのは自分だけど自分ではないという感じになります．何か，見えない流れに，波に乗

せられて運ばれていく．その流れについていったら出会ってしまうというような感じで，しかも出会ったときには，その瞬間というわけではなくても不思議なことに分かるんです，あ，これだったか，と．

　ただ，こうした出会いのために何か特別なことをするということでもなくて，どちらかと言えば，これをやらなければ，と思っていることはなるべくやらない．やらないようにすると，出会いやすくなる，そういう感じでしょうか．

松本　とても興味深く聞かせてもらいました．僕は知的障害の施設に行かせてもらってます．聞きたいことが二つあります．一つは，お二人から見て，知的障害の施設はどう見えるのでしょうか．包摂の問題などに関して，精神障害と知的障害には同じような状況もありますので．もう一つは，障害のある当事者が演劇をすることについてです．僕は知的障害のある人たちによる演劇を見て非常に感動したことがあります．当事者が演じることに，どういう意味があるとお考えか，聞かせてもらえたらと思います．

くるみざわ　私は20代から30代の頃は，自閉症の子や知的障害の子と一緒に春や夏にキャンプに行っていました．一緒にご飯を食べたり，山をハイキングで歩いたりとかして．で，キャンプの最終日に発表会があって，グループで舞台に登って，ちょっと劇をしたり，歌ったり，踊ったりすんですけれど，子供達の言葉にはっとするようなよさがあるわけです．キャンプという大きな枠があって，その中で一緒に同じプログラムを体験して，もうこれで終わり，ここを離れてみんなまた家に帰るという時に仲間と一緒に舞台に立ったからこそ発揮される力だと思います．いきなり舞台に登ってもああはならない．稽古して舞台に立って演じるという営みはそういう機会をつくり出すんだと思います．

　演劇にしても，そのほかの芸術，アートにしても，その人がどういうふうにものを見ているかとか，感じているかということが，外にふっと出る．その回路が，うまくその演劇とか歌のかたちにはまると，知的障害と名前に障害と付いていますけど，われわれよりもものが見えていたり，感じとれていたりするから．そういうものが外に出て，ぱっと伝わると，ああっとこちらのこころ動かされるんじゃないでしょうか．

　あと，最初のご質問の，施設がどう見えるかということですが，こんな経験をしたことがあります．私が以前に勤めていた精神病院に，知的障害の患者さんが入院してくることがあったんです．病棟に40人ぐらい精神科の患者さんが入院しているなかに，一人だけ知的障害の方が入ってくる．精神科の病棟というのは自由時間が多いんです．行事，プログラムが少ない．少なすぎるのも良くないです

が，多いと疲れてしまう患者さんが多いので，特に何もしないでぼうっとしていていい．自分のベッドで布団をかぶって寝ていてもいいというような雰囲気の場所なんです．ところが，知的障害の方は精神科の患者さんと違います．時間割のようなプログラムを用意して，積極的にスタッフが関わったほうが実りがある．ところが精神科の病棟にはそういうプログラムがない．スタッフもいない．そうなると時間を持て余してしまって，病棟のなかを歩き回ったり，他の患者さんの部屋に入ったり，デイルームでほかの患者さんやスタッフにしきりに話しかけたりする．それが医療者からは迷惑行為に見えてしまう．病状が悪いと取られてしまうんです．すごくかわいそうでした．そもそも入院という選択肢しかないのがおかしいんですが，どうにかならないものかとずっと思っています．

松嶋 当事者が演じるときに，どういう意味があるのかということについてですけど，それは，何か役柄があって，当事者の人がその役柄を演じる，そういう場合ということですか．

松本 そうです．島根にある「鳥の劇場」という劇団で『ロミオとジュリエット』を障害のある人たちが上演するのを見たことがあります．それは，プロの劇作家が監督して，プロの役者も参加し，訓練を積んでアートとして発表したものでした．もう一方には，啓蒙的に障害者の人も頑張っていることを見せる劇があります．それには少し違和感を感じます．

松嶋 逆に質問させてください．その，障害者の人も頑張っていますよ的なものと，プロのものと，何が違うのでしょうか．

松本 障害者アートは，アートの考え方が，二極化しています．一つは，障害のある人たちは，頑張らなくてもそのままを表現すればいいんだという考え方．もう一つは，チャレンジして，表現の技術を磨くという考え方です．僕は，技術を磨くことは，その苦しみの中から，出てきた表現というのが非常によいと感じてます．一方で，啓蒙的なほうは，自分の子どもが演じているのを見たらほっこりするけれども，ほっこりするレベルで終わっている．一つの昇華された表現までは行かない感じがしました．

松嶋 なるほど．その感じはよく分かります．それは演劇だけではなくて，例えばパンやお菓子の場合にもありますね．イタリアの場合，社会的協同組合などでいろいろなものを作って売っていますけれども，そのとき大事にしているのは，頑張っていますよ的なものにはしない，あくまで市場でクオリティーで勝負するということです．ただ，高いクオリティーを実現するのが難しい場合も多いので，クオリティー勝負できるようなニッチの技術や分野を見つけてそこでやるという

ようなことを戦略的にやっています．

　あと，障害者の演劇ということで思い出したのは，これは視覚障害者でしたが，盲目の人の役を演じるという芝居を見たことがあります．上演されているあいだ，一緒に行った友人たちも私も皆，その役者が盲目なのではなく盲目の人の役を演じていると思って見ていました．芝居が終わった後で，その役者が盲目だということを知ったのです．

　こと演劇に関しては，そういう点が重要なのではないでしょうか．つまり，盲目の人だから盲目の役をやれるというのではなく，当事者が当事者の役をやるときにはハードルは逆に上がるのではないか．そこにどんな意味があるのか今簡単には言えないですけれども，特に演劇ではそういうことが大事な気がします．答えになっているかどうか分からないですが．

舟橋　私からは二点お聞きしたいです．一つは，お二人で共通していた出会いに関して，松嶋さんが，媒介者，媒介となる場やものとおっしゃったのですが，それは，おそらく明確には顕現しないものだと思いますが，くるみざわさんが，念じれば出会うこともあるとおっしゃっていましたが．その何かしらの芽や種みたいなものがあればよいのだろうなと思います．そういったところを，どのように考えておられるのかなというのを伺いたいです．

　もう一つは，当事者という言葉が，先ほど松本さんからも出ました．当事者，インクルージョン（inclusion），エクスクルージョン（exclusion）の話も，大変興味深く，私もそのように思うのですが，当事者たち自身が，自分たちを包み込みたい，あるいは境界線を引きたいという場合が，あるのかなと思うのですが．そういったときに，どういうふうに考えられるのかをお聞きしたいです．個人個人の関係もあるだろうし，集団集団の関係もあると思いますが．

くるみざわ　これは，なかなか細やかな質問ですね．うーん．答えるのが難しい．私は，今日のお話で，患者さんの側が診察室にモノを持ってくる場合をお話ししました．そのモノの重さが私達を包摂するという話だったんですが，私のほうは診察で，こちらから何かモノを持ち込むことはしないようにしています．

　例えば，診察に患者さんが入ってきます．そのときも，なるべくこちらから，何も話し掛けないで，向こうが自然に話し出すようにしたい．言葉も，持ち込まれてくるモノですから．こちらから，「どうですか」とか一言でも言ってしまうと，誘導してしまうんですね，こちらの意図に．なるべく，向こうが入ってきて，いきなりしゃべり出すみたいな雰囲気にしたいんですね．患者さんのほうから，持ち込んでくれるモノに応えていくというほうがいい．これは，何かにつけ，そ

うだと私は思っていて．こっちが予想もしないモノが出てくる機会を増やしたほうが良いと思うんです．その芽をつまない．沈黙が大事ですね．どっちにいくかわからないようなときは待つ．

　こちらの思い込みが崩れて，あっと驚くような出会いを生む芽や種はそうやって育つんじゃないでしょうか．診察の話ですので，実人生とは異なると思いますが，積極的に受け身を選ぶ工夫が出会いを生むような気がします．動かされているほうがいいということかもしれません．これは，演劇実験室のゆっくり歩くというレッスンと近いと思います．向こうが出してくるものに，どこまでも合せていくという姿勢でありたいなと私は思っています．

　もう一つは，当事者が向こうのほうから線を引きたいということですよね．

舟橋　そうです．はい．

くるみざわ　これもね，同じで，言葉で「あなたには線を引く自由がある，ここを拒んで立ち去っていい．一時的に，ここを離れることもできるんだ」ということをもちろん説明しますけれども，まず，そういう雰囲気でありたいなと思っているんですね．

　そういう選択肢を，こちらが言葉で説明しないでも，向こうが持てるようになるのがいい．これは，先ほどお名前を挙げましたけれども，成田義弘さんはそういう雰囲気の人だったんです．やや，距離があるわけです，話しをしていても，私と成田さんのあいだに．ちょっと物足りない感じはあるんですが，二人の間に隙間があって，離れてつながっている．すったもんだがあっても切れないという安心感ですね．肌と肌を触れ合わせるとか，抱き合うという方法で得られる安心感とは違う．今はちょっと引きこもりたいというときは，引きこもれるわけです．その人の目の前にいても，黙っていられる．

　二人で相対しているときに，しゃべらなくちゃいけないという圧力をかけないほうがいいんじゃないかと思うんです．だまって，一緒にいられるとか．一緒にいなくてもいい，完全に，そっぽ向いていてもいいというぐらいまでの雰囲気であったらいいなと思います．

松嶋　イタリアの地域精神保健のスタッフの人は，その，黙っておくというのがなかなかできないんですよ（笑）でも，私の場合，外国人だし，黙っておくということにあまり抵抗がないから，私がいても，利用者がやって来て何も言わず同じテーブルに座っていたりということがよくありました．最初はそこで何か言わなければいけないのかなとかありましたけど，まあ，向こうが話したいと思ったら話すだろうとそのままにしていたら，三十分ぐらいお互いに無言のままなんて

いうこともありました．

　演劇実験室もそうなんですが，引き算なんです．われわれはどうしても，こうやればいいはずだというのがあるし，こうやったほうがいいだろうと何かをやろうやろうとしてしまいがちです．それゆえどちらかというと，やろうとしてしまうものをいかにとどめておくかのほうに注意と努力を向けるべきではないかと思います．もし意図的になすべきことがあるとしたら，やろうとすることを止めるということを意図的にするという感じでしょうか．

　子育てでもあると思うのですが，ここで教えたり手伝ったらすぐ終わるのにというときに，ぐっと我慢して，何も言わずちょっと距離を置いて見ておくというようなことです．なかなか，できないものですけどね．ただ，それに近い感じは，イタリアの精神保健のスタッフの人も持っていると思います．

　だから，引き算ですね．もちろんそこに，引き算すると何事かが生じてくる場があることが前提なんですけど．そういう場を信じるということなのではないかと思います．

青木　松嶋さんの本の中に，待つということ，到来を待つということも書かれていたと思いますが．

松嶋　グロトフスキの演劇制作を見にきていたフランスの研究者が，「いつ演劇を作ったのですか」という質問をするという話ですね．「君はずっといて見ていたじゃないか」「でも，あなたは何もしていませんでしたよ」「だから，私は演劇ができるのを待っていたんだよ」というエピソードです．

　「待つ」というのがやはり難しいのだと思います．「待つ」ことが，何もしていないことにされる，そういう世の中にわれわれは生きていますので．例えば，去年一年間，何をしたかということが目に見える，数えられるものとして数値で出されるわけです．それをもとに評価されるので，どうしても何かやろうとしてしまう，あるいはやっているふりをしてしまうことになりがちですが，そういうのはそれこそやめたほうがいいですね．

　龍谷大学でそうした「待つ」ことのできる場をつくる，拠点にするというのは，私たちはこんなことをやっていると積極的にアピールできるものをするよりもずっといいんじゃないかという気がします．

島　今日のお話は，アートの中でも，取りわけ演劇に焦点を当てて語られたので，演劇論を研究してきた者としては，とても面白かったです．くるみざわさんが言われた，すごく伝わったっていうような感じの演劇実践，ありますね．ちょっと思い出したのは，坂上香さんがやっている……

くるみざわ　坂上さんが監督して作ったドキュメンタリー映画の『プリズン・サークル』ですね.

島　ベケット（Samuel Beckett）の『ゴドーを待ちながら』のアメリカでの最初の上演がサン・クエンティン州立刑務所での刑務所の囚人たちを観客とした上演だったと思います. 刑務所の囚人たちの反応がすごくよかった, 熱かったという話も聞いています.

　近代演劇というのは, 観客と演劇人, つまり見る側と見せる側やっている側という一方的な関係になってしまいます. 坂上さんは, その刑務所の囚人たち, 犯罪を犯したり, アルコール中毒や薬中毒になった人たちが役者として, 自分たちでワークショップをやりながら演劇をつくっていくことを映像に収めてきた. 最近では, 『プリズン・サークル』というドキュメンタリーを撮っています. それを思い出しながら聞いていました.

　お二人の話の中で, 精神医療と演劇がこんなに交差して, 協力しあって, いろいろな場をつくり出しているというのがすごく面白いなと思いました.

　ただ, お二人からはセラピーという言葉は一つも出てこなかったように思います. 表現としての演劇的な実験ではなくて, パフォーマンスや, 演劇ワークショップを開いて, セラピーとしていく. 演劇療法, パフォーマンス療法, あるいはダンスセラピーなどもあります. 音楽とか絵画がセラピーとして, いろいろな役割を果たしながら包摂する方向をつくっていっていることもあると思うのですが, セラピーというようなことに対して, 何か思いがあればお聞きしたいです.

くるみざわ　今のお名前があった, 坂上香さんは私の友人で, 『プリズン・サークル』というドキュメンタリー映画を作りました. プリズンは刑務所ですね. 島根あさひ社会復帰促進センターという官民協働の新しい刑務所がありまして, そこで犯罪加害者の回復のためのグループセッションをやっているわけです. 中心になっているのは藤岡淳子さんという大阪大学の先生のグループです.

　私は, この『プリズン・サークル』を試写から観せてもらっていたんです. で, 衝撃を受けました. 素晴らしいです. 本物のセラピーだなと思いました. 映画作品としてもとてもいいです. 機会があったら, 皆さんぜひ観てください.

　実は, 私は長い間, サイコドラマをやっていました. セラピーですね. さっき松嶋さんのお話にあった, 感情の爆発とかいう場面に何度も立ち会ったり, 自分自身も経験して, そのレッスンでの経験を脚本にして舞台に発表するようになったのが私の演劇のキャリアの出発点です. そして, グループ内でレッスンを繰り返すことから舞台で発表することに活動の軸足が移っていきました. お客さんの

前で演じるようになったんです．クローズドのグループでのレッスンから，オープンに開いた舞台作品作りに変わっていった．それはそれで，自然な流れでしたし，いいところがたくさんあるんですけれども．セラピーというのは閉じた中でやったほうがうまくいく可能性が高いんです．だから私はセラピーをあきらめて，というかセラピーを求める気持ちが減って，脚本を書き舞台作品を発表してゆくほうに変化してゆきました．

　でも，演劇をつくっていくプロセスに，セラピーという，治療的要素がないかというと，そんなことはないと思うんです．目標は違いますけど，演劇作品をつくっていくなかで，元気になる人はたくさんいる．私自身も演劇をつくっていくなかで，今日お話ししたような包摂の経験をして元気になったから，間違いない．演劇自体にセラピーの効果はあるんです．

　ただ，それを目標にしてしまうと，舞台をしても発表会レベルで，お客さんには賞賛しか求めない．「よかった」しか言わせないものになってしまうと，お涙頂戴になってしまう．作品ではないんです．

　作品にして発表するということは，世に問うことだと思うんです．勝負ですね．観た人からボロクソ言われるかもしれないけれどやる．その勝負に踏み出すということは，セラピーの視点から見れば，やってはいけない冒険だと，私は思います．

　同じ理由で，私は精神病院の中ではサイコドラマも演劇もやらなかったんです．精神病院の中は，院長を頂点にしたヒエラルヒー（hierarchie）がひどくて，自由に何かを言ったり，やったりという雰囲気ではなかったから諦めたんです．セラピーには踏み出さなかった．

　そしてもうひとつ，最初にもお話しましたように，今，演劇の業界では，ハラスメントの体質がすこしずつ明るみにでてきています．お客さんによいと思ってもらうために，作品づくりのためだったら，何をしてもいいみたいになって．今度は，セラピーどころではなくて，稽古で演出家が役者さんを罵倒したり，上下関係にのって立場の弱い人に無理を強いるようなことが平気で行われる場になっちゃっているので，その点をまず改善しないといけないと思います．そうしないと，世の中で本当の意味で認めてもらえるものにならないと思います．

　たぶんイタリアは，そういうことがないんだろうなと思ったんです．日本で，演劇を精神科の当事者の方々が集まってつくることになったと聞くと，なかでいじめが起きないでほしいなと私なんかはすぐに思っちゃうんです．無事に終わって欲しいと思う．演劇の稽古がいじめの場所になるとか，「私にはできない」と

いうことをもう一回味わわせてしまうような場所に，日本だとなってしまう．それが心配で仕方がないです．僕の答えは，そんなところでして，まとめると，演劇にはセラピーの要素があるのは間違いない．

　でも，それが日本の演劇業界は生かせていない．むしろ，日本の場合は演劇がセラピーでなく，いじめの場になってしまう危険性がある，と思います．

松嶋　私も基本的には同じです．セラピー効果は間違いなくあると思いますが，それを目的にすると道を誤ることになる．演劇実験室でも，オーディン・テアトレットの俳優にそのことを尋ねたことがありますが，はっきりと目的が違うと言っていました．セラピーは本人が目的だけれども，演劇は観客が目的なのだという言い方で．

　ただ，グロトフスキの場合，さらに先があるのです．彼は，最終的には演劇とか俳優と言う代わりに，パフォーマーと言うようになります．そして，演劇の場合は観客が目的だけれども，パフォーマーの場合には，その最終目的はパフォーマー自身なんだ，パフォーマンスはそのための「乗り物」なのだという言い方をするようになります．これは大変興味深い問題で，セラピーという語をどういう意味で使うか，そもそもパフォーマンスとは何かという問題にも関わります．グロトフスキの場合，それは魂の治癒に関わるものとしてのパフォーマンスという問いがあるのだと思います．

広瀬　節分の「鬼は外」「福は内」も松嶋さんの言う「外」と関係するのかなと思いました．「個人化の呪い」は今の精神医療や社会に満ち溢れていて，呪いを解こうとして行っていることがかえって呪いの実践になってしまうような，根深い問題が現代はあるのではと思いました．

松嶋　そうですね．お話を聞いていて思ったのは，まず節分のほうの話です．あれは，「鬼は外，福は内」と言って，大概自分は内側にいると考えて疑いなく外に豆を投げていますよね．でももともと，鬼やらいをする陰陽師もいわば鬼ですし，だいたい大江山の鬼退治に行った源頼光なんかもそうですが，兵家（つわものがいえ）と言って，鬼を倒せるのは鬼の一族だという，そういう関係にあると思います．だから，『鬼滅の刃』の鬼殺隊のほうもいわば鬼だという側面があります．だから節分の内と外というのは，そう単純な話ではない．人間を超えた外の力とのあいだを媒介する技を身に付けたものとしての侍という側面があって，侍は朝廷の汚れ仕事なんかもしていたわけです．さきほどくるみざわさんがおっしゃっていた精神科医のダーティーな仕事というのとも少し重なるようにも思います．

それはともかく，この個人化の呪いの時代に，『鬼滅の刃』のようなものがは
やるというのは興味深い現象だと思います．鬼というのは，個人化の呪いの権化
みたいな存在であり，それに対して，自然のエレメントの呼吸を身につけた者た
ちが群れをつくって対応するということには深い意味があると感じます．

森越　松嶋さんの『プシコ ナウティカ』を日々開いて，イタリアの地域精神医
療の現場を想像しています．くるみざわさんが話していらしたように，砂漠のよ
うな日本の精神医療の中で何ができるかを考えたいと思っています．

　病院に勤務している頃は地域で何ができるのか見当もつきませんでしたが，患
者さんたちと本をつくるラグーナ出版を創立して，病院を離れて一緒に仕事をす
るようになり，多くの学びがありました．患者さんたちは暮らしながら回復し，
病気の経験も力になっていくことを実感しています．例えば，何十年も入院した
人に，「大変だったね」って言いましたら「いいえ，自分の人生だからかわいい
ですよ」と答えられました．病気をしたあとのみんなの力に私たちはとても励ま
されています．このような患者さんたちの声や生きる力を多くの人に知ってもら
いたいと願い，本をつくり始めました．

　地域に出てようやく気が付いたのが，松嶋さんがおっしゃった，施設化の問題
です．患者さんが施設化するよりも，そこで働く医療者や専門職といわれる人た
ちが施設化してしまって，人間にとって何が大切か，何が尊厳なのかが分からな
くなってしまっていると感じます．バザーリアは，アメリカを例として精神科病
院を温存したまま地域医療を広げることの問題を指摘し，精神科病院を必要とし
ている社会そのものを変えていかなければならないと書かれていると思います．
その社会を変えていくということについて，私たちに何ができるか，松嶋さんは
どのように考えておられるか，教えていただきたいと思います．

松嶋　森越さんはラグーナの日々の活動を通して，まさにあわいの場を開くとい
うことをすでになさっておられると思うのです．

　そうした場は，最初は小さな場なのですが，規模が大きくなればいいという話
ではなくて，多様体であることが重要なのだと思います．小さな場でやっていて
も，何か思いもよらないかたちで，いろいろなところにつながっていく．それは，
メジャーな視点から見ていると一見何も変わっていないように見えるけれども，
マイナーな視座からは，物事がつながって，様々なことがどんどん起こって，動
いている．そして，最初は一つの小さな穴だったものが他の穴とつながって，ま
すます穴がボコボコ開いていく．そうすると，底が抜けているということがもは
や隠しておけなくなって，いろいろなものがじゃんじゃん流れ出していくと思い

ます.

　一方でメジャーなほうから見ると，絶望するぐらい何も変わっていない気がするし，実際にもそうであると．しかし，それに対して正面から闘おうとすると，その闘い自体が，疲弊して病理的になったり，ファシズム的なものになったりしてしまうような気がします.

　ですので，そういう方向にいかないようなかたちで，身体や場所を，開いた待機状態にしておくことが大事なのではないでしょうか．だから，あまり何をすべきかと考えるより，今やっておられる場や活動を注意深く開いた状態で，いろいろなものがやってくるのを逃さないように続けていれば，思いがけない出会いや展開が到来するのではないかと思います.

村澤　くるみざわさんは，受け入れるということがどういうことかということをずっと問われていると思います．つまり，患者さんからぬいぐるみを受け入れ，一方で自分の演劇作品が観客に受け入れられる．同じことを別の観点から言っている．受け入れるということに関して，敏感な感性をお持ちなんだなと思いました.

　また，いわゆるアートを，制度的，福祉的にやってはよくない．つまり，自由に創造的なことをするためには，管理をしたりということは，できるだけないほうがいいということをおっしゃったと思います.

　ところで，私たちの社会生活も演劇ですよね．ある種の役割を演技している．私も大学教員という役割を演技して，ときどきノイローゼぎみになるんですが．他方で，演劇作品をつくって上演するということで，セラピー効果があるというふうにおっしゃいました.

　結局は，病気になる原因も，病気をセラピーするものも，演じる，表現するという観点から，表裏一体で捉えられる．そうであれば，管理する，あるいはしないということが，表現という問題の病理性とある種の治癒に，どういうふうなかたちで関わるのか．つまり，管理しなければ，じゃあ治癒するのかというと，そういうわけでもないと思うんです.

　いわゆる管理すること，福祉的に関わって見守ったり，あるいは医療的なかたちで支援することにたいして自由に表現する，自由であることというのは，そこから逃れる動きでもあると思うんです．私の質問は，そのあたりのバランスや見極めを，感覚的な言葉でも結構なのでお聞かせいただけたらということが一つです.

　もう一つは，松嶋さんのご関心には，宗教的な霊性の問題が根底にあるような

気がします．といいますのは，カトリックの歴史もそうですけれども，演劇のメソッドに関しましても，カルメル会とか，キリスト教神秘主義の訓練に非常に近いということもあります．聖人ラボのお話も出てきましたけれども，イタリアに行って私自身も，カトリックの，特に霊的なものの伝統というのを感じました．

　そこで，松嶋さんにお伺いしたいことがあります．宗教的霊性の領域と，狂気の領域というのは表裏一体と言いますか．先ほど挙げていただいた，精霊ラボも，演劇の訓練も，たぶん何も分からない人が聞いたら，狂人が言っている言葉のようにわけが分からないと思うんです．

　つまり，いわゆる霊的訓練に近いような演劇論の在り方というのが，治療的な効果があるとしたら，同時にそこにはやっぱり狂気と非常に近い，狂気に陥る可能性もどこかであるような気がするのです．そこで，イタリアの精神医療，特にバザーリア以降の精神医療の考え方でも結構ですし，演劇のお話でも結構ので，それこそ狂気と霊性の関係について，松嶋さんがどう考えているかというのを，ちょっとお伺いしたいと思いました．

くるみざわ　これはかなり頭を使わないと答えられない質問ですね．ご質問いただいたことに，私なりに，必死に考えてみました．管理ということと，表現の関係なんですけれどもね．例えば，私が診察するとしますね．私が主治医になって，患者さんを引き受ける時に私がする管理というのを別の言葉で言うと，私が持っている力，権限をどういうふうに使うかということなんです，

　この力の使い方のスキル，技術が問われますね．この力を，ばあんとフルに発揮すると病気は治ったけど，患者さんは不幸せということも起きかねない．強い力で患者さんの健康的な部分まで壊してしまう．そうなると治療ではなくなってしまいます．ですから，力をどういうふうに，無害でありつつ，その患者さんが治癒に向かうように促すために使うかであって．その場合は管理という言葉で言わないで，同じ力を使うわけですけれども，促しとか，保護とか，包むとか，そういうふうに言葉を使い分ける．力をどこに向けてどの程度使うかを加減する．しかし，それを別々のものとしてしまうといけないですね．言葉は違うけれど同じ力であることは知っている．自分が持っている力の出所を自覚して，その力を使っていくということだと思うんです．

　今のは治療の話なんですけれども，表現，演劇とも連続性があって，作品をつくるときに僕が作者なり演出家で，役者さんに出てもらうとか，ワークショップで演劇経験のないかたに演劇をやってもらう場合も，こちらが力を持っているわけです．その力をどういうふうに使うかです．ああしろ，こうしろといって指示

を出すのは，力の使い方としては単純で，スキルのレベルはあまり高くないと思うんです．

　それよりも，役者さんなり，スタッフさんなりが考えてきたアイデアをよく聞いて，「ここ，面白いな」とか，「あ，そうやるのか」と拾っていくことに力を使う．例えば時間の使い方ですね．そこは時間がかかるから，もっと時間を使おうよとか．そういうふうにして，スペースをつくるために力を使う．そういう力の使い方がいいと思うんです．

　これは，今，ご質問を聞きながら思ったんですけど，あと松嶋さんのお話しにもあったんですけどね，結局のところ何をやっているかというと待っているんです．力を持った状態で，じいっと待っているんです，待つよと言って待っている．

　私は能が好きなんですけど，能に「して」と「わき」のふたつの役割がありますね．わきはじっと座っている．わきが座っているから，しては語り，舞うという表現ができるわけです．死んでもなお成仏できないような思い，怨念を，そこにじっと座って聞いてくれる人がいるから，言葉にして伝えることができる．力の使い方の理想型はそこだと思うんです．

村澤　なるほど．そのときに，やっぱりくるみざわさんは，何かが見えているというか，感じているというか．何かが，芽が出るか，出ないかみたいな，そういう何かを予感している．直感といいますか，そういうのに従っているというふうに受け取ったらいいですか．

くるみざわ　そうです．これは直感っていうよりも，松嶋さんがおっしゃっていた，論文を書くときに，この本じゃなくてなんとなくこっちの本かなみたいな，体がそっちに伸びていくとか，なんか体が，まだここは待てと言っているなとか，という感覚なんですよ．

　それはね，自分一人で生まれてくる感覚ではなくて，実は役者さんがやっていることに，こちらのこころがものすごく移入しているわけです．あるいは，スタッフがやろうとしていることに移入している．だからここはまだ待てるっていう感じがわかる．次，来るっていうね，その感じがうまれてくるんです．だから，直感というよりも，経験知に近いですね，実は．

村澤　なんか，流れを感じているというか，流れの中で，こう．

くるみざわ　そうそうそう．

村澤　そういう感じですよね．

くるみざわ　そういう感じです．まさに，ナウティカかな．プシコ　ナウティカ．

村澤　そうですね．そんなあたり，松嶋さんとすごく共通することをお話しいた

だいたなと思いました.

松嶋　村澤さんのご質問は，一番難しいところで，昔から例えば魔の問題として問われてきた問題にも関わっていると思います．それに対して私が答えを持っているわけではないのですが，ただ，個として，神と一対一で徹底的に向き合うというようなかたちの修行ではないというのが重要なのではないかと感じます．ある意味もっと緩いというか．そして，緩くあることが可能になっているのは，ある場の場所性・環境性と，そこに群れ，人間と人間だけではない生きものの群れがあることが担保しているからだと思うのです.

　人類学者でヨーロッパを研究するというのは，ある意味では例外的なことなのですが，それは私には，ヨーロッパのほうが分からないという思いがあるからです．ヨーロッパでは，あくまで人間が前面に出てきます．狂気の問題も人間に行きます．その，狂気の問題が人間に行くということと，霊性の問題が超越する神に行くというのは，深いところでつながっていると思いますし，逆にそこがよく分からないんです.

　日本人だったら，そこにもっと自然のものが出てきて，それこそ里山のように，外とか超越性とのあいだに自然を含む仕掛けがいろいろあると思うのですが，それが裸で超越に向き合うようなところが，すごく謎なわけです.

村澤　よく分かります，それ.

松嶋　でも，そういうところに，聖人という，神ではなく人間であるのだけれどもあいだを媒介するような存在がいる．それは神の超越性に直接向き合うという部分はもちろんあるのですが，同時に，例えば私が暮らしていたウンブリア州にいたアッシジのフランチェスコの修行などを見ると，山の中を歩きまわって瞑想したりと，まるで修験道のようなのです．イタリアの場合，日本のような畏れを感じるほどの山というのはあまりなくて，それこそ里山というのに近いような山ですが．ただ人工的というのでもなく，それほど規模は大きくないのに生物多様性に富んだ森であったりします.

　ともかく，一神教的な霊性のほうに行くのをおしとめるような仕掛けがヨーロッパの伝統のなかにもあったのではないかと思うのです．それを今，別のかたちでやろうとしているところに，集合性とか弱い主体性のような問題が出てくるのではないでしょうか.

　そこのところで，単にソーシャル・インクルージョン的に主体性を回復する，というのではない話になる．イタリアでしばしば言われるのは，狂うというあり方が人間の存在の根底にはあるのだから，それを包含するようなかたちで主体性

がなければならない．しかも，それは日常の生活の中で，実現されなくてはならないということになるんですね．

　ですから，超越の方に垂直に向かう霊性ではなく，だからといって水平的な一次元での内／外でもなくて，ここの場に穴がボコボコあいていて多次元になっているという，そういうかたちで外に向き合うような霊性のあり方があり得る．そういう感触なのです．

村澤　おっしゃることは，すごく分かるような気もします．私が研究しているガタリも統合失調症の治療経験から，思想体系をつくったわけです．くるみざわさんのお話と松嶋さんのお話，ガタリにも共通しているのは，「もの」としてではなく，「こと」として世界を捉える観点ですね．ものの境界，個という境界が崩れて，いろいろなものと連鎖した，そういう流れの中に自分が解消しちゃいそうになるるわけですが，そうならないためには新しい自己，ものとしての自己ではなくて，こととしての自己みたいなものが必要になる．それがガタリの言う主体性というやつです．それが具体的にどうやったらできるかとかは，たぶん体系化できないと思うんです．個々の，先ほどくるみざわさんがおっしゃったような，自分の力を駆使しながら，流れをつくりコントロールしつつ，うまく調和させていくというような，そういう言葉にならないような領域だと思うんです．松嶋さんも，くるみざわさんも，そのあたりを言葉で表現されているところが結構あったので，今回，そういうかたちで言葉になるんだなというのを，すごく勉強させていただきました．

　私にも，まだはっきり，頭に答えが出ないことをお二人に聞いたので，ちょっと，どう答えていいかお困りになったと思いますけれども，すごくヒントになりました．

くるみざわ　精神科医というのは，どう答えていいか分からない質問に，どう答えるかが勝負なので．面白かったですね．

青木　ありがとうございました．この研究プロジェクトは「アートにより，大学キャンパスを社会的包摂の拠点に」ということを掲げて始めました．コロナで実施することが叶いませんでしたが，その思いは変わっていません．「包摂」は，誰でもがその場に包み込まれるような，くるみざわさんが使ったのと同じような意味で使いました．しかし，確かに松嶋さんが言うように，包摂はインクルージョンの翻訳として使われているので，注意しながら使わなくてはならないと思います．

　先ほど松嶋さんの話の中に，18世紀に，聖職者ではなくて，医療が精神病院と

して専門化していくという話があったと思いますが，18世紀の半ばごろは，アートという領域が，例えば，それまで音楽であるとか，舞踊であるとか，絵画であるとか，彫刻であるとか，それぞれ別々の技術，技であったものが，アートというカテゴリーとして統合されていった．おそらくそこに，社会の表側では科学的な医療が独立していくというような流れがあって．それに対して，松嶋さんの言う「外」へと突き抜けていくという願いみたいなものを託されてアートなる領域が成立したのかなと思います．アートは，表の科学の薄暗がりを支える，「あわい」にある一方，強力に制度化されて，「外」への突き抜けを封じることもある．ある意味では，大学もそうです．大学は国家と繋がった表側の高等教育を与える場として，制度化を目指してきた．一方，同時にいろいろなかたちで，「外」へと制度を突き抜けることを目指す運動も起こる場でもあったと思います．現在はそうあることがとても難しい．

　消費によって自分の世界をつくり上げるということがかなりできるようになって，それぞれの人たちが，ばらばらになった状態でくらしている．そのような現状のなかで，これだけ制度化してしまった大学キャンパスで，精神的困難を抱えて自らをキャンパスから排除している学生が増えている．そのようなキャンパスに対し，アートに何かできそうだと思いました．この期待は，くるみざわさんと松嶋さんがアートに見出している希望と通底していると思います．

　今日は，精神的困難を抱えている人たちと，まったく異なる場所と立場で関わり，演劇によって生の在り方を変えた経験をお持ちのお二方のお話を同時にお聞きすることができ，今日のテーマの一つともなった，出会いが実現されたと思います．共通点を持ちながらも多くの相違点を持つお話は，何度も立ち戻って考えさせるお話は，私たち参加者にも出会いをもたらしたと思います．どうもありがとうございました．

（実施日　2021年2月12日）

Essay

生の危機とアート

青木惠理子

　人は誰でも人生の危機を経験する．時として苦しみはその人の耐力の限界を超える．果てしない孤独．徹底的に見捨てられた感覚．敵意にみちた他者による包囲や侵入．とめどなく落下してゆく感覚．これらの経験は抽象的なものではなく，他者の声や姿などとしても顕れる．けれども，周りの人達とはその経験を共有できない．精神医学はそのような経験を幻聴や妄想と，そのような生のあり方を統合失調と名付ける．昨今の日本で多いのは，疲労感で動けない身体や振り払えない憂鬱にともない，社会生活に支障をきたす危機であろうか．この状態は鬱と呼ばれる．日本の精神疾患についての私の理解はこの程度だ．鬱病で投薬を受ける近しい人たちもいる．自分の考えが他の人に盗まれるとしばしば訴えていた同僚もいた．私自身も人生の危機のなかで，真夜中の覚醒に何度も悩まされたが，果てしない孤独や他者の声に纏わりつかれることはなかった．しかし，これからどうなるかはわからない．

　精神科医の中井久夫は，「オレハナラナイゾ」から精神医学は始まったが，「自分もひょっとしたらなるかもしれない」「人類は皆五十歩百歩だ」の精神医学との間でパラダイム間闘争をしていると述べている[1]．中井によれば，かつて精神医学者は男性ばかりだったので「オレ」だそうだ[2]．とても家父長的な力で境界線を引いてたわけだ．それに対し後者のパラダイムでは，精神医学者とその対象の人々を含め，すべての人の生は定まった高低がなく地続きだ．私の発想も後者に属す．理想論ではなく，ある程度私自身の経験にも関係している．

　一つはべてるの家を訪れた時の経験だ．べてるの家は1984年に設立された北海道浦河町にある精神障害などを抱えた当事者の活動拠点だ．100名以上のメンバーがグループホームなどに住み，地域でくらしている．私は二泊三日で訪

れて，メンバーミーティング，ロールプレイングゲーム，ショップでの会話，グループホームのミーティングなどに参加した．創設メンバーであるソーシャルワーカーの向谷地生良さんと当事者で「ミスターべてる」と呼ばれている早坂潔さんらと居酒屋で楽しいひと時も過ごした．早坂さんはイタリア人のように女性訪問者を気軽に誘う社交家だが，「俺と，どうだ？」と私も誘われた．「倍賞千恵子に似てんな」と早坂さん．「最近，工藤静香に似てるって言われましたよ」と私．「それは，ねぇべ」と早坂さん．そんな冗談交じりのやり取りをするほど自然に打ち解けた．その時私は，折しも人生の危機の真っただなか．思い余って早坂さんに話した．すると，「そういうときは，落ちるだけ落ちればいいんだ．大丈夫だ．」悠然とした早坂さんの言葉に不意を突かれ，私は彼のがっちりとした右手の親指をにぎって号泣した．早坂さんとのこの出会いで私はどれだけ救われたことか．彼の包容は間違いなく生（せい）の深さをもっていた．

　べてるの家では，共有し難い個人の経験を，ユーモアを交えたことばで共有する．そこには，ホモ・パティエンス（受苦的人間）という生を肯定する「苦労の哲学」と「あたりまえ」を揺るがす「反転の思想」がある[3]．メンバーたちは，標語のような諺のようなものを作る．名古屋から浦河に移住してきたメンバーは，「名古屋で元気より浦河で病気」と言う．本のタイトルとしても取り上げられている「治りませんように」もその一つだ[4]．「安心して絶望できる人生」「降りてゆく人生」「"自分ごと"より"他人ごと"」などにもべてるの哲学と思想が如実に表れている．「三度の飯よりミーティング」をモットーに，言葉を交わす機会をもつ．さらに，「幻覚＆妄想大会」や「当事者研究」といった活動もしている[5]．まず自分自身の状態に名称を与える．何か重大な局面にさしかかるとその重圧に耐えきれず姿を隠してしまう人は，医療から与えられた「統合失調症」を「逃亡失踪症」に変える．その人にしか聞こえない酷い語りかけをしてくる人物が，「幻聴さん」という友人を指すような名称とともに一般化され共有される．幻覚妄想とされてきたものが，聞き手にも地続きの経験として共有される．べてるの家の活動は，精神保健や福祉に携わる人だけでなく，その他の研究者，作家，ジャーナリストなどの関心を惹き，本や雑誌やウエブサイトの記事として発信されている．べてるの家のメンバーたちは，町の住人として，店を運営し昆布の袋詰めや清掃の仕事をし，べてる祭を開催する．こ

うして，メンバーたちの苦労経験は，べてる共同体，地元の町，さらに全国へ
と伝えられ，共有される機会をもつ[6)]．

　自明性を揺るがす反転の思想をユーモアというズラシを交えて他の人たちと
共有する実践は，くるみざわ氏と松嶋氏のいうアートと重なる．くるみざわ氏
は，精神病院，精神科医，原発誘致を巡る友人関係など，身近な問題を取り上
げ，演劇として，言い換えれば現実的現実から異化／ズラした非現実的現実と
して，観客と共有する．演劇実験室のトレーニングは，群れの中で，身体の動
きを現実的現実から異化／ズラし，場に居合わせた人々の間で共有する．べて
るの活動，くるみざわ氏の演劇，演劇実験室のトレーニング，そして，本書で
取り上げた白川昌生氏や井上葉子氏の活動も，創作（捏造）によって形や動き
や音の流れを作り出すことにより，自明視された現実を揺さぶる，「妄想」に
も似た何かであろう．

　精神医学者とその対象の人々を含めすべての人の生は地続きだ，という確信
が根差す，私のもう一つの経験は，1979年から続けている文化人類学のフィー
ルドワークでのものだ．場所はインドネシアの南東部，フローレス島中部の山
間地だ．そこは，1907年のオランダ軍事遠征によってはじめて植民地政府の知
るところとなり，1949年にはインドネシアの一部になったが，プランテーショ
ンや地下資源開発などの対象となることはなかった．私のフィールドワークの
地域には，伝統的チーフはいない．行政村長は，村人たちによってある程度の
敬意が払われるが，村の生活に重大な影響を与えることはない．多数の村と数
万人の人々からなるその地域一帯には，あらゆる水準で明確な政治的中心がな
い．人々は，父系的親族集団間の婚姻を契機とした贈り物交換と交換のたびに
開催される宴会によって，きわめて密に結びついている．複数の父系的親族集
団からなる村の生活は，親族間の贈り物交換の際，農耕労働の際，祝儀不祝儀，
災難に見舞われた際など，相互扶助に満ちている．同時に，さまざまな紛争に
も事欠かない．べてる的な言い方をすれば「問題ばかりで順調です」といった
感じである．冠婚葬祭はもちろんのこと，難産だといっては集まり，誰かが木
から落ちたといっては集まり，何もなくても集まる．集まれば必ず，老若男女
おしゃべりを楽しむ．彼らはそれを「カタリ遊び ngasitei enge」という．村人
たちはだれでも話し上手聞き上手で，次から次へと話が続いてゆく．語り手は，

自らの体験を，落語のように何役もやりながら語る．聞き手は絶妙の合いの手を入れながら聞く．

　各家の間の行き来も盛んであり，客はいつでも歓待される．私が1979年から居候していた家の主人夫妻は派手な喧嘩をよくした．現在50代になった彼らの子供たちは，「父さんと母さんはどんなに激しく喧嘩をしていても，訪問者が来るとその人が誰であろうとけろっとして，満面の笑みを浮かべて「いらっしゃーい mai miu」と迎えたもんだ」としばしば敬愛を込めてユーモラスに語る．

　訪問者は何らかの用事があってくることが多いが，不躾にならないよう，ホストはすぐに尋ねない．ある朝，村の男性が，私の居候先にやってきた．いつも通り主人夫妻は彼を丁重に迎えた．その時も，「カタリ遊び」が弾んでいた．時はすぎ，お昼が振舞われ，さらに夕飯が振舞われた．夕飯が終わって，家の主人がおもむろに尋ねた．「ひょっとしたら，なにか用事があって来たんじゃないかな」「ええ，実は，あなたのとこで最近生まれた子犬のうちの一匹をもらえないかと思って」「もちろんいいですよ．乳離れしたら取りに来てね．」

　この地域の人たちは，そう意図せずして，社会関係の形成にとてつもない時間と労力と財と配慮を費やしている．恐らくそのことに関係しているのではないかと思われるが，この地域には，精神医学がいうような疾患が見られない．「問題ばかり」だから，人生の危機や苦悩はある．他の人に聞こえないこと見えないことを感知できる人，アタマズィ ata marhi もいる．そういう人たちは，種まきの時期を占ったり，病気を治したりして重宝がられている．私自身は実際にその場に居合わせたことがないのだが，錯乱と言っていいような状態，クシアナ kusi ana になる場合もあるそうだ．罵倒語[7]を口走ったり，年長者や母方親族など本来なら敬意を払わなければならない人を怒鳴りつけたり，異言で語ったりする．それは，短期間の一過性で，呪術的な治療によって，あるいは，ほっといても完全にもとに戻る．私の居候先の家族の一人もクシアナになったことがあるそうだ．クシアナ経験者になんらかの社会的スティグマが与えられることはない．

　また，むしゃくしゃした思いが積み重なることもある．そんな時には，怒りに満ちた大声で独り言を言い続ける．時には，それが何時間も続くことがある．

そのような独り言はスル seru と呼ばれる．スルは，「声」や「声を出す」という一般的な意味を持つ語だ．言葉自体は明確で，人名が出てくることもあるが，一貫した語りではない．具体的な人物を相手に架空の口喧嘩や叱咤をしているようでもある．不満や怒りを孕んでいるというのは，声の調子からよく分かる．その声は，2，30メートル離れていても聞こえる．誰かがスルしていても家族も村人も平然としていつも通りといった感じだ．スルの邪魔もしない．私の居候先の主人は，しばしばスルをした．それが数日続いたことがあった．私の親の世代に当たる彼のスルを毎日何時間も聞くのは，つらくなってきた．思い余って，食事の時に「親に故なく叱られているようでつらいので，やめてくれませんか」と頼んでみた．「いやいや，スルしないと，熱が内にこもってしまうのでこうやって外に出してるんですよ.」彼のスルはその後も数日続いて，何事もなかったように止んだ．

　フローレス島中部山地の人々が生まれながらにして特別であるわけではないだろう．子どもの時からくり返し行なわれる大規模な贈り物交換と宴会に参加し，社会関係の形成にとてつもないエネルギーを費やす日常のなかでは，誰でも果てしない孤独や徹底的に見捨てられた感覚をもつことはないだろう．人々は頻繁に集い，語りを共有する．多くの場合，語りは，話芸の域に達し，異化効果を発揮し，人々を繋ぐ．生の危機が高じた場合には，クシアナやスルでそれをやり過ごす．誰にでも起こり得ることとして，社会はそれを包容する．人々の生は地続きなのだ．

　国民国家と市場経済の原理のなかで，心身ともに自律した個人を生きるように鼓舞されている私たちは，果てしない孤独，徹底的に見捨てられた感覚，敵意にみちた他者による包囲や侵入に陥りやすいのではないだろうか．人は，その系統発生と個体発生の初期から，異化作用をもつアート的なモノやコトを作り出し共有してきた．共有のされかたは社会のあり方によって大きく異なる．私たちの日常生活にも，幼女たちの切り紙（青木プロローグ参照），中井久夫さんの年賀状や短歌の贈与（くるみざわ氏トーク参照），聖人の生を辿ること（松嶋氏トーク参照）など，異化作用をもつアート的なコトが織り込まれうる．しかし，そのようなコトは，巻き込む人々の範囲が小さく，一過的なものとなりやすい．それと対照的に，べてるの家は，40年近い歳月のなかで，異化作用を持つさま

ざまなカタリとコトを繰り返し生活に織り込むことができるような社会空間を形成してきた．「降りてゆく人生」「手を動かすより口を動かせ」（昆布詰め作業の時），「元気より病気」と言った標語に凝縮された営みは，元気，生産性の高い労働，社会的上昇が奨励される一般社会における「あたりまえ」を根っこから揺さぶる．べてるの家の反転カタリは，フローレスのカタリ遊び同様，異化作用を持つと同時に日常性に埋め込まれている．アート的ではあるがアートとは考えられていない．近代とともに勃興したアートは，顔の見える関係を核とする社会的時空および日常生活から離床している．演劇などのパフォーミング・アートは，異化の作用により，現実的現実を非現実的現実に置き換え，居合わせた人々が同じ時空で共に生きることを可能にする．

1990年代以降アートは社会を志向するようになった．社会主義思想への期待の縮小と新自由主義的な市場原理の進展により，「個性」形成を含む人々の生の多くの部分が市場から供給されるようになり，社会関係が益々縮小するようになった．アートの「社会的転回」は，そのような歴史的現在を背景としておこっている．人は誰でも人生の危機を経験する．現在の私たちの社会空間では，果てしない孤独は，誰にとってもすぐそこにある．くるみざわ氏の演劇上演や演劇実験室は，生の危機を契機としてより豊かな生への海路を探るたゆまぬ試みであり，松嶋氏の文化人類学は試みを照らし出しているといえよう．

注

1）アメリカの精神科医 H. S. サリヴァン（1892-1949）による．サリヴァンは『精神医学は対人関係である』（1990，みすず書房）などの著者．

2）中井久夫 2001『治療文化論——精神医学的再構築の試み』岩波現代文庫．初出は1983．

3）当事者研究とは——当事者研究の理念と構成——（向谷地生良）（https://toukennet.jp/?page_id=56 2021/10/17閲覧）ホモ・パティエンスは，子どものときにユダヤ人強制収容所に送られたユダヤ人精神医学者ヴィクトル・フランクルによって提唱された人間の捉え方．強制収容所で家族を殺され自分自身も過酷な体験をした．フランクルはユーモアを好み，大切にしていた．ホモ・パティエンスもホモ・サピエンスの地口になっている．フランクル，V. E. 2004（1950）『苦悩する人間』春秋社．

4）斎藤道雄 2010『治りませんように——べてるの家のいま』みすず書房．

5）Bethel（https://urakawa.bethel-net.jp/ 2021/10/17閲覧）．

6）「当事者研究」は，全国各地で行なわれるようになり，東京大学でも研究されている．
綾屋紗月・熊谷晋一郎 2008『発達障害当事者研究——ゆっくりていねいにつながりた
い』医学書院は，その成果の一つ．綾屋については本書松本エッセイ参照．

7）エンデ語には，mbatu と呼ばれる一群の罵倒語がある．すべて性器に関わる語である．

Epilogue

ここから先，アートはどこへ向かうのか？

山田創平

＊芸術とは何か

　芸術とは何か，アートとは何かという定義は多岐にわたる．強いて言えば，それは「人間がなす何か」だが，それでは何も言っていないに等しい．生き，存在し，行為することそのものが芸術でありアートであるとも言えるだろうが，実際のところ，芸術やアートという言葉がそのような意味でつかわれることはそう多くはない．したがって多くの人は芸術やアートということばをそこまで拡大解釈してはいないし，それぞれ芸術やアートに関する，限定的なイメージを持っているようにも思う．

　ここでちょっと考えてみたい．芸術やアートと言ったとき，真っ先に思い浮かぶのは「絵画」や「彫刻」かもしれないが，では，絵画技法を全く学んだことのない私の描く絵画は芸術だろうか．そうとも言えるし言えないかもしれない．あるいは中学生が教科書の夏目漱石の肖像写真に落書きをし，髪型をアフロに描きかえるとき，それは芸術と言えるだろうか？　あるいはスーパーマーケットで買った刺身の盛り合わせを，古伊万里の平皿に盛りなおすとき，その行為はアートと言えるだろうか．あるいは自宅の庭の桜の木を何時間も見つめるとき，その営みは芸術的だろうか．あるいは部屋を掃除する時，それはアートだろうか．これらはすべからく「人間がなす何か」という意味では，アートであり芸術である可能性がある．さらにそこには「美的」な価値判断が介在しているようにも感じられるから，なおさらアートであり芸術であるのかもしれない．だが，ここまで範囲を広げてしまうと行き過ぎだという気もしないでも

ない．例えばそれは牛丼もあえて言えば和食でしょうというような議論に近く，それを言い始めると早晩料理の分類そのものが無意味になる．人によって違うのかもしれないが，たらこスパゲッティがイタリアンだと言われても，やはりちょっと違う気がする．物事の分類やカテゴリーについて，つきつめて考えていくと「境界がわからなくなる」という現象は，この世界のほとんどすべての分類について言い得るし，そのような価値観のことを価値相対主義と言い，またその理論的根拠となる考え方を社会的構築主義（または社会構築主義，構成主義）と言う．社会的構築主義の源には記号論や構造主義，ポスト構造主義がある．これらの考え方は重要なので，まず簡単に確認しておきたい．

　例えば言語をほとんど知らない子どもがスーパーマーケットに行くとする．子どもには果物売り場にある「それら」はみな同じに見える．その時，一緒に買い物に来ている人が言う．「これはね，リンゴっていうの」「こっちは梨で，これは柿」その時，子どもは「はじめて」それらが別のものであることを知ることになる．丸くて，ヘタがあって，片手にのるぐらいの大きさのそれら一群のものたちの間に言語で線が引かれ（差異が印づけられ），その子どもにとってのリンゴというカテゴリーが，はじめてこの世に「つくり出され」たことになる．すでに言葉を知っている人たちからすれば，リンゴと梨はちがうものであり，「そりゃ，だって，形も色も違うからね」ということになるかもしれない．だが，そのように言う大人たちにも，この子どものようにカテゴリーがつくり出された瞬間があったはずなのである．今となっては「形も色も違う」「誰が見てもそれらは違うものだとわかる」と思っている「それら」が，同じものに見えていた時があったはずなのである．

　言語を獲得することで，人間はカテゴリーを獲得し，世界に対する認識を獲得する．言われてみれば，まあそうだろうなと思われるかもしれないこの認識論は，しかしながら古典的な世界認識とは真逆である．古典的な認識論（20世紀以前）では，「カテゴリー／分類（それはあらかじめある普遍的な区分）」に「名前を付ける」と考える．はじめに自明で疑いようもないカテゴリー（例えばプラトンのイデアのようなもの）があって，それは疑いようのない確実なもので，それに名前を付ける（言葉を与え，名づける）と考える．私たちが「あれ」と「これ」の違いがわかるのは，それらの名前を知っているからではなく，それらが別の

ものだということを，あらかじめ，普遍的に知っているからであると考える．だが，新しい認識論では，その順序が逆転する．言語が与えられる前にはそもそもカテゴリー／分類はない．言葉が与えられて，はじめて，分類が「生じる」と考える．古典的な認識論が「物事→言葉」の順で理解されるのに対して，新しい認識論は「言葉→物事」の順で理解される．「ニート」と呼ばれる人たちが，本質的な実質があり，いつの時代にも存在していたわけではない．「ニート」という言葉があるとき誰かによって生み出され，それによって「ニート」という人々がこの世にはじめて「生み出された」のである．そのような例は挙げればきりがない．100年前には存在しない「価値観」「病気」「天体」「元素」「規範」が日々，言語が生み出されることによって，発明されている．

　ちなみにこの時，「リンゴ」や「ニート」といった言語表記は，必ずしもそれである必要はなかった．前述の表現を借りれば，「それら一群のものたち」に分類の線さえ引ければ，表記は何でもいいのである．それを言語の恣意性という．これらの考え方にはもうひとつ重要な点がある．それは，言葉が時代や地域によって異なるということである．言語が人間の認識の内側に分類を書き込み，認識させる，すなわち「言語が認識をつくる」と考えるとき，その言語がどのような言語であるかは重要である．同じ日本語／日本列島弧で用いられてきた言語体系とされる言語に限ってみても，例えば現代を生きる私たちが平安時代の文学作品をすらすら読むのは難しい．江戸時代のものもけっこう難しいし，森鷗外や樋口一葉も一筋縄ではいかない．語彙も文法も時代によってかなり異なる．このことは重大なことを意味している．つまり言語が人間の認識をつくり，言語が時代や地域で異なるということは，人間の認識が「時代や地域で異なる」ということを意味していることになるからだ．現代を生きる私たちの認識や自己理解，アイデンティティ，パーソナリティ，つまり「常識」「善悪の認識」「価値観」「死生観」「規範意識」などは，今の時代や地域に特有のものであって，それ以上でも以下でもないということになる．フーコーはそれをエピステーメーと言ったりしたが，100年前の人々と，現代を生きる私たちとで，使う言葉が異なるということは，その両者で，世界の見え方が根本的に異なるということを意味している．20世紀以降，特に言語論的に人間の認識

を考えてみたときの，これがひとつの結論である．

　だが念のために付言すると，だからといって，普遍性や絶対性について考えようとする古典的な認識論が間違いであるとはいいきれないと私は考えている．例えばプラトンのいうイデアのような絶対的な観念世界や，黄金比，ユングのいう「元型」，あるいは神のような存在を否定するだけの根拠は十分でない．私自身は，そういった存在に自らの源があると感じることがある．それらそのものを見たことはもちろんないが，だが「ある」と感じる．だが同時に，それらの感覚には注意深くあらねばならないと考えている．なぜかと言えば，イデアを持ち出すまでもなく，そのような普遍性や絶対性があるとき，それが普遍的で絶対的なのは，この世を生きる人間がその領域には到達できないからである．イデアにも，黄金比の起源にも，元型にも神にも，私たちは至ることはできない．そこに近づこうと願ったり，理解しようと試みることはあるかもしれないが，そこへ行くことはできない．プラトンが言うように，それができるとするならば，それは死んだときである．

　これまで芸術やアートの歴史上，それらを語るときに，その都度それらしくもっともらしい「普遍性」や「絶対性」が名のり出ては消えてきた．芸術やアートに向き合うとき，そこに安易に普遍性や絶対性を見い出すべきではない．そんなものがあるような気がしたとしても，たぶんそれは思い込みである．百歩譲って本当にその作品が普遍的で絶対的な価値を持ったものであっとしても，そのことはこの世を生きる私たちには，本来わからないはずである．だが，にもかかわらず，芸術やアートにそのような普遍性や絶対性があるといい，そこに法外な値段が付くという事例があとを絶たない．その種のビジネスモデルは，表現や芸術，アートをめぐってずっと繰り返されてきたものではある．だが，特に20世紀後半以降，特に2000年代に入って以降の状況は常軌を逸している．

　いずれにせよ，ここまで述べたことをもとに芸術やアートについて考えるとき，私たちが何かを表現する時にも，そしてそれが芸術やアートと呼ばれる時にも，さらにはそれを誰かが見て「これはいいね」という時にも，私たちが「この時代の人間」であることから逃れることはできないということだ．この時代に生み出されるすべての表現物はこの時代の文化，認識，つまりは言説の編成の中にあり，それらを見たり，聞いたり，触ったりする私たちもまた，そ

の内にある．重要なのは，私たちもまた「その内にある」という時のその内実であろう．私たちはどのような時代を生きているのだろうか．私たちが生きる時代が，このような時代だからこそ，あのような表現物が生み出され，それが芸術やアートと呼ばれ，称揚され，その価値が判断されるとき，そのシステムを理解するために必要なのは「私たちはどのような時代に生きているのか」という知識である．その際の補助線はいくつもあり得る．例えばそれはジェンダーであり，温室効果ガスの排出や資源の枯渇などの環境問題であり，テロリズムであり，地域紛争やポスト冷戦構造であり，レイシズムであるかもしれない．だがその根底にある巨大な問題は，人間の欲望の問題，つまり資本主義であろう．資本主義は現在，新自由主義（ネオリベラリズム）という新たな段階へと立ち至っている．2021年現在，芸術やアートに関して，例えば地域型アートプロジェクトとか，芸術と社会の関係性とか，マイノリティとアートとか，様々な潮流が存在するが，それらは端的に言えば，ネオリベラリズムの要請によって生じたものである（あるいはその可能性が高い）．

　ここまでの議論をひとまずまとめたい．現在，表現や芸術，アートについて考えるとき，社会的構築主義，つまりそれらに対する私たちの信念，感情，理解，内面や人格，つまり文化は，この時代に特有のものであって，普遍的で絶対的なものではないということをひとまずおさえる必要があるだろう．その上で，ではこの時代の文化はどのようなものなのかを考える必要がある．その際，資本主義，中でも後期資本主義や新自由主義について理解することで，現代の社会がかかえる，芸術やアートに関する諸問題に対する，ひとつの，重要な分析の補助線を得ることができるだろう．以上がこれまでの議論で確認できる本章の基本的立場である．

＊資本主義とアート

　新自由主義（ネオリベラリズム）は世界的には（そして日本でも）1980年代以降顕在化した新たな経済潮流である．極めて単純化すると以下のように説明できる．資本主義社会は経済成長を前提に進展する．従って常に新たなマーケットが求められる．だが人口も資源も限られた中，経済成長はいつか必ず頭打ちに

なる．その時，新たなマーケットとして「それまでマーケットでなかった領域」が，市場経済に組み入れられる．それは例えば公立学校・病院であり，図書館，鉄道，水道，郵便であったりする．これにより資本は新たな活動の場を手に入れることができ，さらなる資本蓄積をすすめることができる．だがこの新たに市場化された領域は，もとは公共領域であり，無料や低価格で利用できることに意味があった（人々の基本的な生存を保障していた）．そこが市場化されるということは，お金のない人はそれらが利用できず基本的な生存が保証されないようになることを意味する．2011年にアメリカ合衆国で起こったいわゆるオキュパイムーブメントは象徴的であった．同年9月，1000人ほどの若者の集団がウォール街近くにあるズコッティ公園に集まり，集会を行った．その後，デモや路上での座り込みが行われ，複数の逮捕者が出た．これ以降，参加者は増え続け，路上で様々なボランティア活動や炊き出しが展開されるなど，大きな市民運動へと発展していくことになる．この運動の背景には，2008年のいわゆるリーマンショック後の世界的な不況，そしてアラブの春があるといわれる．実はこの時期，アートの世界でも大きな変化が起こっている．それは作品の取引金額の高騰である．

　この時期，ある種の現代美術が奇妙なまでの高額で取引されるという現象が相次いだ．ここにはいわゆる「量的緩和」が大きくかかわっている．極めて単純化すれば，量的緩和とは通貨発行権限をもつ中央銀行が，世の中にお金を大量に放出し，企業の設備投資・業績，ひいては株価や物価，賃金の上昇を目指す政策である．2008年のいわゆるリーマンショックを経て，この政策が世界規模でとられるようになった．その結果，かつてない規模の巨大な資金が当時，そして現在も世の中に供給され続けている．

　一方で，多くの市民は生活が豊かになったという実感を持っていない．その理由はほぼ一点にあると言っていい．中央銀行が世の中にお金を放出する時，そのお金を直接市民に分配すれば市民は豊かさを実感するはずである．大規模減税でも，社会福祉予算の増額でも，ベーシックインカムでも，政策の選択肢は多岐にわたるはずだ．だが現実にはそうなっていない．実際には，中央銀行は市中銀行や金融市場を通じてお金を放出している．つまり株式や，国債・社債といった債券を購入することで世の中にお金を流している．その結果，現在

世界的な株高が進行している．金融市場には資金が大量に流れ込み，株価が上昇し，それにつられてグローバル企業の資産価値が上昇し，業績は最高益を更新し続けている．だが多くの市場参加者は，この先の「(株価や企業業績の) さらなる上昇」を疑い始めている．さすがに行き過ぎだと感じているわけである．そして新たな投資先が模索される．現在はその価値が「見出されていない」が，今後10倍にも100倍にも値上がりする可能性のある投資先が求められる．そこに完全に符合したのがいわゆる現代美術であった．

　ウィレム・デ・クーニングの「インターチェンジ」(1955) には 3 億ドル (320億円)，ジャクソン・ポロックの「Number 17A」(1948) には 2 億ドル (210億円)，ジェフ・クーンズの彫刻作品「ラビット (ウサギの彫刻)」(1986) には9100万ドル (100億円) の値段が付き，実際に買い取られていった．ここまで高額ではないものの，現代美術市場は活況の一途をたどっており，日本の作家でも草間彌生や村上隆，奈良美智といった作家の作品には億単位の値段が付く．コレクターや投資家は当然，これらの作品の価値が今後も上昇すると考えて購入しているし，実際に値上がりし続けている．

　ここで現代美術とは何かを考えてみたい．上記のような作品群にこれほどの高値が付くのは，「作品にそれだけの価値があると考えられるから」のはずである．だが実際のところ，現代美術とは「価値の定まらない美術」を表す言葉であって，先ほどまでゴミであったものが一瞬にして優れた美術作品として評価されたり (例えばマルセル・デュシャンの「泉」を想像するとわかりやすい)，もてはやされた作品が忘れられゴミになったりするということがしばしばおこる芸術領域である．言い方を変えれば，その価値の「なさ」にこそ，現代美術の現代社会に対する批評的意味があると言い得る．では「価値が定まる」とはどういうことかといえば，それは時間である．100年以上評価の揺るがない作品は，今後も，少なくとも100年以上は，価値を持ち続けるだろうという考え方であり，あらゆる文学・芸術作品における「古典」の意義はそこにあると言ってよい．

　ちなみに近代以降，最も高値で取引された絵画はレオナルド・ダ・ヴィンチの「サルバトール・ムンディ」(1490〜1519ごろ) で，4 億5000万ドル (500億円) であり，この作品に対する評価はこれまでも，そしてこれからも (少なくとも今

後数百年は）変わらない可能性が高い．一方，現代美術は10年後にゴミになっている可能性が十分にあり得る．そしてそれこそが現代美術の現代美術たるゆえんでもある．

　金融市場にあり余った巨額の資金が，その最後の行き先として選んだのが現代美術（つまりはゴミ）であるというのは，現代社会における「富」の本質を表した興味深い現象ではある．フレデリック・ジェイムソンは，後期資本主義社会において多国籍企業によるグローバル資本の管理がおき，芸術作品や世界認識から，根源的で本質的な参照点が失われ，空白なパロディとしてのポストモダニズムが誕生すると語っている．つまり現代美術をめぐるお祭り騒ぎは，現代社会の寓話であり，それ自体がパロディだと言える．しかしこのパロディは笑って見ていられる類のものではない．なぜならそこでやり取りされている貨幣は，おもちゃのお金ではなく，本物の貨幣だからだ．様々な計算があるが，人が一生の間に稼ぐ金額，そして人が一生涯をおくるのに必要な金額は2億円から3億円の間といわれる．つまりクーニングの「インターチェンジ」は，100人のひとがその生涯で稼ぎ出す金額を優に超える価値を持っていることになる．そんなことが果たしてあり得るだろうか．いや，むしろそんなことがあっても良いのだろうか．私は良いはずがないと考えている．その現象は，倫理的に問題がある．

　そのような中，文化庁は2018年から「文化庁アートプラットフォーム事業」を展開している．この事業の目的は「日本における現代アートの持続的発展を目指す」ものとされる．2019年には「芸術資産をいかに未来に継承発展させるか──コレクター文化育成のための法律・制度設計の具体的提言──」というシンポジウムを開催し，そこでは「文化・芸術資産の価値評価を高めていくための具体的な方策」「税制改正及びコレクター文化の育成」などが議論された．これが現在の世界的な美術市場における「日本人作家」の作品価格を引き上げようという試みであるならば（そしてそれはおそらくそうなのだが），それは禁じ手ではないか．そう考えるのには2つの理由がある．

　1つ目は，そもそも美術作品が，ひとりの人が生涯の間に稼ぐ金額を大きく超える金額で取引されるような，美術市場そのものが抱える倫理上の問題である．美術やアートがそのような，いわば人間の実存にかかわるような領域に立

ち入り，その基盤を揺るがすような所作をなすことが，そもそも許されるのだろうか．2つ目は，作品の価値や価格決定に国家が関与することの是非である．本来，作品の価格は，マーケットで複数の買い手が競い合う中で決定されるものであり，国家や行政組織が「この作品の価格を上げよう」と言って上がるものではない．かつてナチス・ドイツは「公認芸術」としてロマン主義的，写実的，民族主義的絵画に価値を与え，印象派をはじめとした近代絵画やキュビスムを「退廃芸術」として排除した．美術の価値を国家が決定したわけである．同様の現象はソビエト連邦における「社会主義リアリズム」など，歴史上枚挙にいとまがない．これらの試みはやがてホロコーストや粛清へとつながっていった．作品の価値とは，本来一人一人の人が，個人的な感覚や価値観に基づいて決めるものであり，それ以上でも以下でもないはずである．芸術の価値決定に国家や権力が関与してはならない．

＊作品の原理的等価性

ここで再び社会的構築主義に話を戻そう．先に述べたように，社会的構築主義ではそもそもこの世のすべての表現に絶対的で根源的な価値の違いなど存在しないことになる．著名な作家の絵画も，趣味で書かれた無名の人物の絵画も，その時代の文化や規範の中では価値の違いが生じたとしても，普遍的には同価値である．それはどちらも価値がある／どちらも価値がないということになるだろうが，少なくともその作品間には「価値の違いが存在しない」はずである．

それは例えばこういうことだろう．小学校や中学校で行われる絵画コンクールなるものがある．ある絵画は金賞を取り，ある絵画は何の賞も得なかったとき，その評価の基準となるものは何か．多くの場合，そこで採用されている評価基準は「近代絵画技法」であり，その巧拙によって評価が決まっているはずだ．だが「近代絵画技法」という評価基準は，近代という限られた時代の，主にヨーロッパで発展した，極めてローカルで期間限定的な基準であり，人類の歴史全体にわたる普遍的な評価基準ではありえない．つまり表現の価値というのは，たとえそのようなものが「あるような気がする」としても，その価値は文化社会的に作られたものであって，普遍的な価値ではないということだ．つ

まり根源的には，この世に存在するすべての表現には「価値の差異が存在しない」ということになる．この考え方は，それがたとえどのような属性の，どのような人であれ，人と人との間には普遍的な価値の差異が存在しないという，近代の人権概念と同範型を取る．この地点こそが，これからの芸術やアートを考えるときの出発点になる．私はそう考えている．

　現代は紛れもない人権の時代である．例えば昨今目にすることの増えたSDGsにおいては，「貧困をなくそう」「ジェンダー平等を実現しよう」「人や国の不平等をなくそう」「平和と公正をすべての人に」といった，人間の平等性や公平性に関する理念が並ぶ．だが，言うまでもなく現実の世界はそうなってはいない．

　人間存在を「生きる価値のある人間」と「生きる価値のない人間」にわける思想は歴史上，ひろく存在してきた．その時，そこには人種や民族，肌の色やセクシュアリティ，働けるか働けないかなど，様々な「それらしい」そして「もっともらしい」理由が付与されてきた．だが，これまでも述べてきたようにそれらもっともらしい理由はその時代，その地域に特有のエピステーメーであり，文化社会的につくられた構築物であって，そこに普遍性はない．確実に言えることは，何らかの理由により，人が人のことを，価値があるだとかないだとか言っている場合，その語りは主観的な思い込みの域を出ず，その意見が正しいと証明する根拠は皆無だと言うことである．社会構築的な空間を生き，自らの内面や思考も社会的に構築されている私たちが，その外側に立って，客観的に，普遍的に人間の価値を判断することは原理的に不可能なのだ（言説には外部がない）．ここから明らかになる事実はシンプルなものだ．人は，人の価値を判断できないという事実である．たとえそのような価値がこの世に存在していたとしても，それは人間にはわからない．カントが言うように，私たちは物自体には到達できず，現象の世界を生きるしかない．現象とは，20世紀以降の思想史において，その言語論的展開以降，社会構築的認識世界のことを指し示すと考えられる．この考え方は，その源をカントに求めるにせよ，構造主義やポスト構造主義に求めるにせよ，流れ至る地点は同じである．つまり人間は何らかの価値や価値体系について，本質的で普遍的な評価を下すことはできないということだ．この考え方は民主制や近代人権論の基盤となる．この考え方

をもとに，近代以降，優生思想をはじめとした抑圧的な人間観は修正され，哲学的にも，法的にも，政治的にも人間の平等性が確認された．ともすると人間に価値の優劣をつけようとする社会の趨勢に歯止めをかけ，そのような人間理解が誤りであることを論理的に立証する思想，それこそ，近代市民社会が連綿と培ってきた人権という思想であり理念である．

　それは人間である限り，例外なく付随する権利であって，そのありようは普遍的で絶対である．国際人権法上も，それを保証するために「世界人権宣言」や「子どもの権利条約」「人種差別撤廃条約」など，様々な取り決めがある．だが現実の社会において，これらの基本的な理念はいまだ，きちんと共有されてはいない．有体に言えば，現在の世界には，人間は平等であるという前提と，稼げない人の生存は保障しなくてよいという新自由主義的価値観の双方が，奇妙に同居しているのである．言うまでもなく，これは極めて生きづらい状況である．そしてシーソーが揺れるように，人々も社会も，その両極の間で引き裂かれている．そして芸術もまたその構造に巻き込まれている．

　現在，芸術と社会をめぐる状況は，これまでに述べてきたような諸状況の狭間に，複雑に成立している．すなわち，市場主義，新自由主義，グローバリズムを基調的な原理とする芸術潮流と，それらに対抗するローカルで市民運動的で，マイノリティの権利や公平性を重視する芸術潮流である．その二つの潮流は截然と切り分けられているわけではなく，複雑に絡まりあっている．実際にアートの現場にいると，その複雑さの中で，気づくと前者に加担していることがある．資本が拡大してゆくその律動はとどまるところを知らず，どんなにアーティスト本人が，芸術と社会をめぐるこれまで述べてきたような問題に自覚的であったとしても，気づくと巻き込まれている．それが地域型アートプロジェクトであれ，障がい者アート（エイブルアート）であれ，マイノリティをテーマとしたアートであれ，どのようなアートであってもその可能性がある．

　かつて市場の自律的な動きが，社会に繁栄と豊かさをもたらすと説いたアダム・スミスは，著書『道徳感情論』の中で「富，名誉および昇進をめざす競争のなかで，個人は可能な限り懸命に走り，すべての競争相手より勝るために，すべての神経と筋力を精一杯使っても良いのである．だが，もし彼が競争相手の誰かを押したり，投げた倒したりしたら，観察者の寛恕は完全に尽きるだろ

う[1]」と語った．私たちがアートにかかわるとき，誰を抑圧し，誰を排除しているのか，常に注意深くあらねばならない．

＊現実的な方法論

　これまで繰り返し述べてきたように，社会的構築主義に即して言えば，カテゴリー／分類は社会的につくられたものであって，絶対的なものではないということになる．この立場では分類やカテゴリーは，あたかもその分類がそれらしく感じられるように，操作的につくられたくくりであって，いわば社会的なつくりもの，構築物であると考える．同様の理路によって，人種や民族，性別といった分類やカテゴリーも社会的構築物，つまり社会や文化がつくりだしたつくりものであって，絶対的なものではないということになるし，理論的には，それはおそらく正しい．

　ただそれらの説明は，現実の社会に対する言及としてはあまりに理念的である．問題は，そう言ったところで現実の社会には人種差別やジェンダーギャップが存在し，困難な状況にある人がいるという点である．さらに言えば，人種差別的，性差別的な社会のただ中にあり，その差別によって困難な状況にある人に向かって「そのカテゴリーはつくりものです」と言ったところで，何の意味もないということである．喫緊になすべきは，差別の解消であって，カテゴリーの解体ではない（長い目で見た時にはカテゴリーの解体も重要になるが）．

　さらにもうひとつ問題がある．確かに社会的構築主義の立場から考えると，この世界に本質は存在せず，すべての分類や概念は構築物だということになる．だがその理路に基づいて，この世界に本来分類など存在しないといってみたところで，それは無意味である．なぜなら分類がない世界，差異の存在しない世界は，そもそも認識不可能だからである．私たちが世界を認識し生きるとき，たとえそれが普遍的でもなく本質的でもないつくりものであったにせよ，それら分類や概念を認識する他に，世界を認識し，生きていくすべはない．

　社会的構築主義のもつこれらの問題点，すなわちその思想的立場そのものが，理論的構造上，現実の社会問題から後退してゆくという問題と，そもそも私たちは分類やカテゴリー，概念のない世界，つまりは差異のない世界を生きえな

いという問題をふまえて編み出された立場が戦略的本質主義であり，その発展した形としてのクイア理論である．例えばセクシュアルマイノリティの権利運動という文脈において，レズビアンである，ゲイであるという表明は，それがなされることで運動の主体を構成することは可能であったかもしれない．だが，実際のところレズビアンやゲイの実態は，その生活の実際において，性的実践において，極めて多様であり，性的指向という意味においても，性自認という意味においても，百人百様である．そのような複雑で個別的な現状を，例えば「ゲイ」というカテゴリーに押し込めることには，どんな意味や正当性があるだろうか．例えばその時，「ゲイ」はアイデンティティになるかもしれないが，そのアイデンティティは何をもたらすのか．それがアイデンティティになるということは，それを結束の紐帯としたコミュニティや運動の主体を構築することができるということかもしれない．だが実のところ，彼らの実態が百人百様であるとするならば，そのような結束により失われるものもあるだろう．例えばそれは個々の微妙な違いや個別性であったりするだろうが，それらが失われるとするならば，果たしてそれはリベレーションの名に値するのだろうか．言い換えるとこういうことになる．社会運動を展開するには連帯が必要になる．そしてその連帯には，運動の構成員をつなぐ結び目が必要になる．それがアイデンティティであり，それは人種や民族，性的指向や性別など様々なバリエーションを持ちうる．だが繰り返しになるが，その連帯は相当に作為的なものであり，人とは本来個別の存在である．その時，そのような矛盾や思想的対立を調停するアイデアが可能になるかもしれない．社会に何らかの差別や抑圧があるとき，人々の個別性や多様性を前提としつつ，だがしかし，ひとまずはアイデンティティを旗印として掲げ，運動の主体を戦略的に構築し，権利が獲得された後で，アイデンティティを紐帯とした連帯を解消するという考え方である．それを戦略的本質主義という．そして戦略的本質主義がアイデンティティを仮構として想定する時，その仮構されたアイデンティティが失われたあと，次のアイデンティティをどうするかという問題が出てくる．

　先に述べた「分類や差異の存在しない世界はそもそも認識不可能（存在しない）」という考え方は，別の言い方では「世界は表象代表制度（差異によって現前するシステムであり体系）である」と言い換えることができる．世界が表象代表

制度であるとき，言説実践の結果として立ち現れる私というアイデンティティが「ない」という状態はありえない．ゲイアイデンティティによって人々が集い，連帯し，運動を展開していた時代が終わり，その自己認識が後退するとき，何か別のアイデンティティ，例えばそれは男性であったり，ある種の民族性や人種性であったり，職業であったり，階級を背景としたアイデンティティが現前するかもしれない．ゲイであるということは，近代社会において抑圧をこうむることを意味しただろうが，男性であること，白人であること，大学教授や医者であることは逆に抑圧する側であり得る．戦略的本質主義はこのように，たとえそのアイデンティティが構築的で仮のものだとはっきりと自認していたとしても，常に，抑圧する側と，される側を固定化する危険性を持っている．この時，ではそのアイデンティティを常に脱ぎ捨て，更新し続ければよいだろうという考え方が出てくる．それがクイア理論である．表象代表制度の中で，自分は常に何ものかでなければならないが，その何ものかが常に変化し続け，動き続けるものであれば，一方的に抑圧する側に立つことは避けられるのではないか．その自己存在の流動性，自己同一性や中心性の遷移が連続する時に現れる自己こそが，政治的に正しい．ここには明らかにポストモダニズムが存在する．ポストモダニズムはとっくに過去のものになったとする向きもあるかもしれないが，全くそんなことはない．クイアというポストモダンな反実定的で，脱アイデンティティ的な連続体が，何らかの政治的主体として社会に現前したことなど，これまでにほとんど一度もなかったと考えるとき，ポストモダンは，まさのその言葉の意味，「近代の後」そのままに，先送りされたまま現在に至っているのである．

　人種，民族，国籍，性別，性的指向，性自認，職業，階級・階層，障がいの有無などのアイデンティティは，つまり，それを脱ぎ捨てようとしてもなかなか難しいということだ．それらのアイデンティティを常に脱ぎ捨て，更新し続けることは至難の業である．なぜなら，それらのアイデンティティは，現在，ひとつの例外もなく，富の偏在や搾取，格差の拡大と深くむすびついているからである．後期資本主義の時代，新自由主義の時代にあって，その動きはとりわけ逃れがたく人類を覆っている．だが同時に，それらが仮構であり，そうであるからこそ，そこに変化の可能性があることもまた，忘れてはならないだろ

う．重要なことは，アイデンティティの更新を試みるとき，その実践が資本とどれほどの距離を取り得るかである．

＊「表現者」「アーティスト」というアイデンティティ

　ここで話はようやくアートに戻ってくる．「アーティスト」というアイデンティティは，ともすると非常に複雑で厄介なアイデンティティであるように思う．先にも述べたが，実のところその内実はあいまいである．そのアイデンティティには明確な構成要件がない．それぞれのアーティストは，皆それぞれに自分なりのアーティスト像を持っているだろうが，言うまでもなくそれらは百人百様である．だからこそ，そのアイデンティティ，その存在は容易に資本に利用されうる．芸術やアート，表現に携わる人々は，そのことに自覚的であるべきだ．これまでに注目されてこなかった属性の人々の制作した作品や，欧米が中心の美術市場にあってそれ以外の地域で制作された作品が，正当に評価される意義は確かに大きい．だがその評価が，資本による評価であった場合，つまりはその自由で自発的な創造物が，資本の論理に回収される時，アートは新自由主義的な競争原理，人間社会の新たなる階級化に一役買っているということになる．そしてその「巻き込まれ」に，芸術やアート，アーティスト自身が気付かないこともあり得る．資本は巧妙に〇〇アートなる新たな領域を，まるでそれが人権に配慮された政治的に正しい実践であるかのように見せながら，つくり出すだろう．その流れに乗ることは確かにひとつの手かもしれない．だが「乗っている」ことには，常に自覚的であるべきだ．その流れに乗り，内部に入り込んだうえで，新自由主義的なアートマーケットを内破し，壊すことも可能かもしれない．そのようにしてシステムを自壊に導く方法もまた，幾度となく試みられてきた．だが多くの試みがまた，結果的に資本にからめとられてきたことも忘れてはならない．ラディカルであること，政治的に正しくあることは，それほどに難しいことである．

　いま，芸術やアートで求められている倫理は，芸術やアート「以外の」世界と全く同じだ．それはいかに富を再分配するかということであり，その結果として，この世に生きるすべての人の尊厳を，いかに守るかということである．

あらゆるカテゴリーや分類，そしてそこにある権威やヒエラルキーを相対化し，流動化させること．それは言い換えると，芸術を民主化するということ．表現を欲望するすべての人が，表現活動をできるようにすること．表現されたもの，作品が，法外な値段で資本家や投資家に搾取されることなく，生活に根差した適切な価格で売買されること．芸術やアートに携わる人々の日々の営みを労働と捉え，その権利を守ること．本書で紹介されている諸実践もまた，こういった文脈で理解しうるものである．それは間違いなく，芸術やアートのこれからの姿を示唆している．

注
1）アダム・スミス（高哲男訳）『道徳感情論』講談社，2013（原著は1790），165頁．

《トーク・ディスカッション参加者》

岡部太郎 [1章トーク]……………………………………一般財団法人たんぽぽの家 常務理事

山崎浩平 [2章トーク]…………………文化人類学・人間文化研究機構／龍谷大学研究員

井上葉子 [インテルメッツォ・エッセイ]……現代アート作家・Bennington College 教員

白川昌生 [3章トーク]………………………………………………………………アーティスト

くるみざわしん [4章トーク，ディスカッション]……………………………精神科医・劇作家

松嶋　健 [4章トーク,ディスカッション]…人類学・広島大学大学院人間社会科学研究科教員

島すなみ [4章ディスカッション]……………………………詩人・ジェンダー研究・演劇研究

森越まや [4章ディスカッション]………………精神科医・株式会社ラグーナ出版取締役

広瀬隆士 [4章ディスカッション]………………………神奈川精神医療人権センター相談員

村澤真保呂 [4章ディスカッション]………………社会思想研究・龍谷大学社会学部教員

《執筆者》（執筆順，＊は編著者）

＊青木惠理子［プロローグ，インテルメッツォ・エッセイ，4章エッセイ］

1953年生まれ．東京大学大学院社会学研究科（文化人類学）博士課程．オーストラリア国立大学太平洋アジア研究所（人類学）博士課程，Ph.D.　現在，龍谷大学社会学部教員．*Arts in The Margins of World Encounters,*（共編著，Vernon Press, 2021年）．『女たちの翼——アジア初期近代における女性のリテラシーと境界侵犯的活動』（編著，ナカニシヤ出版，2018年）．『生をおりなすポエティクス——インドネシア・フローレス島における詩的語りの人類学』（世界思想社，2005年）．

松本　拓［1章エッセイ］

1976年生まれ．龍谷大学大学院社会学研究科博士課程修了．博士（社会学）．現在，龍谷大学非常勤講師，龍谷大学ユヌスソーシャルビジネスセンター客員研究員．「ジンメルの生社会学」（博士論文）（2015年）．「形式社会学再考——力の対立が生み出す生のリズム」『ソシオロジ』50(3)(2006年)．

舟橋健太［2章エッセイ］

1973年生まれ．京都大学大学院アジア・アフリカ地域研究研究科博士課程修了．博士（地域研究）．現在，龍谷大学社会学部教員．『ようこそ南アジア世界へ』（共編著，昭和堂，2020年）．『現代インドに生きる〈改宗仏教徒〉——新たなアイデンティティを求める「不可触民」』（昭和堂，2014年）など．

山田創平［3章エッセイ，エピローグ］

1974年生まれ．名古屋大学大学院国際言語文化研究科博士課程修了．博士（文学）．現在，京都精華大学国際文化学部教員．『未来のアートと倫理のために』（編著，左右社，2021年）．『たたかうLGBT＆アート——同性パートナーシップからヘイトスピーチまで，人権と表現を考えるために』（共編，法律文化社，2016年）．「国東半島の空間性——その記述の多様性を手掛かりに」『国東半島芸術祭記録集』（美術出版社，2015年）．

アートの根っこ
——想像・妄想・創造・捏造を社会へ放つ——

2022年3月30日　初版第1刷発行　　＊定価はカバーに
　　　　　　　　　　　　　　　　　　表示してあります

　　　　　編著者　青　木　惠　理　子©
　　　　　発行者　萩　原　淳　平
　　　　　印刷者　江　戸　孝　典

　　　発行所　株式会社　晃　洋　書　房
　　　〒615-0026　京都市右京区西院北矢掛町7番地
　　　　　　　　　　電話　075(312)0788番(代)
　　　　　　　　　　振替口座　01040-6-32280

装幀　谷本豊洋　　　　印刷・製本　共同印刷工業㈱
ISBN978-4-7710-3619-2